AF284458

Impressum
Verlag: BABADADA GmbH, Nedderfeld 112 , 22529 Hamburg
Geschäftsführer / Verlagsleitung: Harald Hof
Druck: Books on Demand GmbH, In de Tarpen 42, 22848 Norderstedt

Imprint
Publisher: BABADADA GmbH, Nedderfeld 112 , 22529 Hamburg, Germany
Managing Director / Publishing direction: Harald Hof
Print: Books on Demand GmbH, In de Tarpen 42, 22848 Norderstedt

el colegio

sekolo

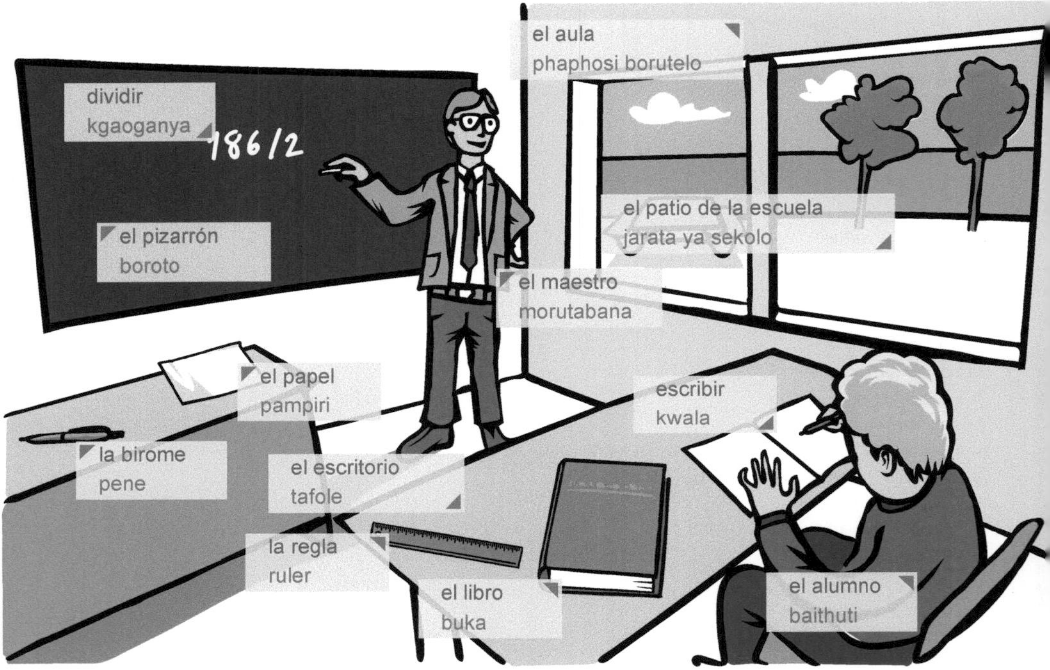
el aula
phaphosi borutelo
dividir
kgaoganya
186/2
el pizarrón
boroto
el patio de la escuela
jarata ya sekolo
el maestro
morutabana
el papel
pampiri
escribir
kwala
la birome
pene
el escritorio
tafole
la regla
ruler
el libro
buka
el alumno
baithuti

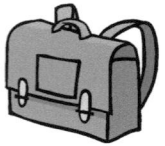

la mochila

kgetsana ya dibuka

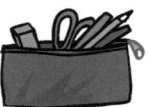

la caja de lápices

setsenya dipensele

el lápiz

pensele

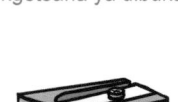

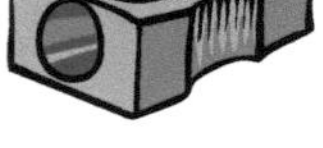

el sacapuntas

seseta pensele

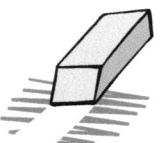

la goma (de borrar)

sephimola

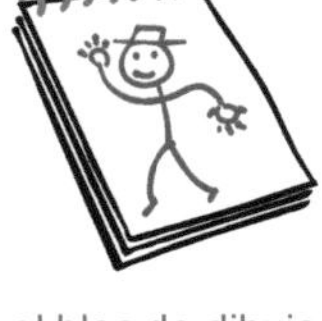

el bloc de dibujo

boto ya go torowa

el dibujo
torowa

el pincel
boratšhe jwa pente

la caja de pinturas
bokose ya pente

la tijera
dikere

el pegamento
sekgomaretsi

el cuaderno de ejercicios
buka ya go kwalela

la tarea
tirogae

el número
palo

sumar
tlhakanya

restar
kgaoganya

multiplicar
atisa

calcular
khalkhuleitara

la letra
lekwalo

ABCDEFG
HIJKLMN
OPQRSTU
VWXYZ

el abecedario
alfabete

la palabra
lefoko

el texto

mafoko

leer

bala

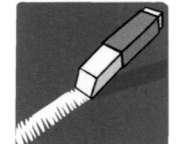

la tiza

choko

la lección

thuto

el cuaderno de clase

rejistara

el examen

tlhatlhobo

el certificado

setifikeiti

el uniforme escolar

diaparo tsa sekolo

la educación

thuto

la enciclopedia

encyclopedia

la universidad

unibesithi

el microscopio

mikoroskoupo

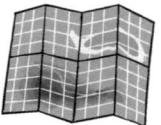

el mapa

mmepe

el tacho (de basura)

moteme wa dipampiri

el viaje
eta

el hotel
hotele
Grand
el hostel
hosetele
ROOMS
EXCHANGE
la casa de cambio
kantoro ya go fetola madi
la valija
sutukeisi
el auto
sejanaga

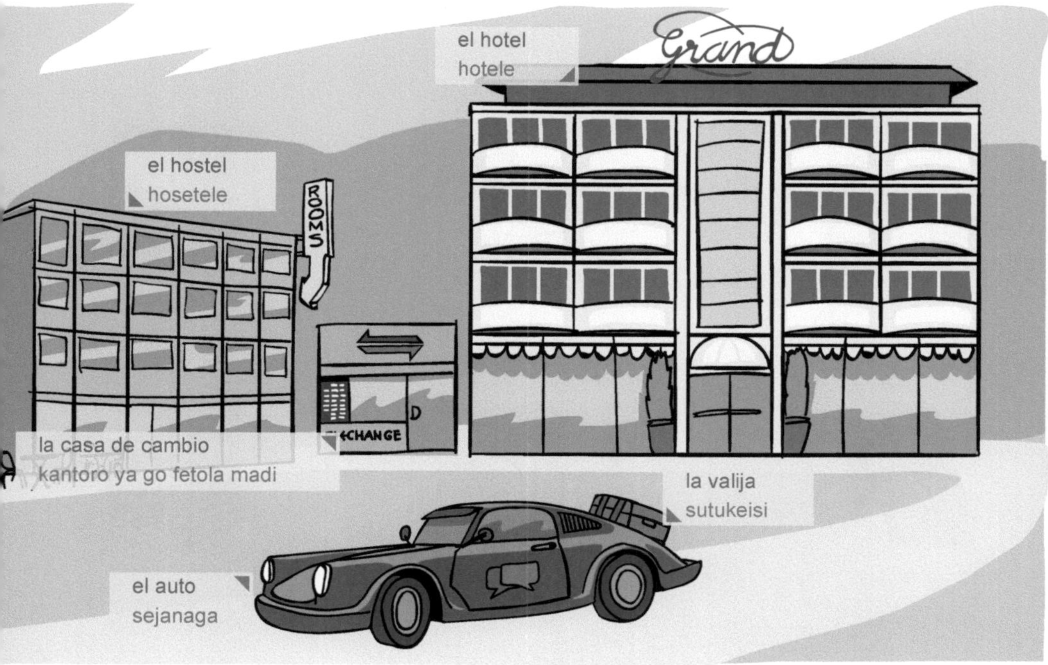

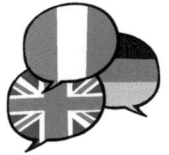

el idioma
puo

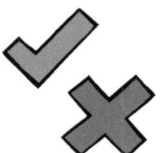

sí / no
ee / nnyaa

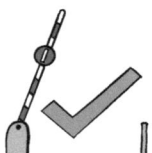

Está bien
Go siame

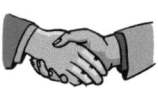

hola
dumela

el traductor
moranodi

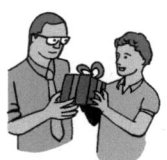

Gracias
Ke a leboga

¿cuánto cuesta…?

ke bokae…?

No entiendo

ga ke tlhaloganye

el problema

bothata

¡Buenas tardes!

O itumelele bosigo!

¡Buenos días!

Dumela!

¡Buenas noches!

Robala Sentle!

el adiós

tsamaya sentle

la dirección

tsela

el equipaje

dithoto

el bolso

kgetsi

la mochila

kgetsi

el invitado

moeng

la habitación

phaposi

la bolsa de dormir

kgetsana ya go robalela

la carpa

mogope

la información turística

hedimosetso ya mojanala

la playa

lewatle

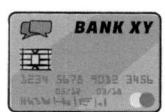

la tarjeta de crédito

karata ya go tsaya sekoloto

el desayuno

sefitlholo

el almuerzo

dijo tsa motshegare

la cena

dijo tsa maitsiboa

el pasaje

tekete

el ascensor

lifiti

el sello

setempe

la frontera

bodara

la aduana

dingwao

la embajada

embassy

la visa

visa

el pasaporte

lokwalo itshupo

el transporte
sepalangwa

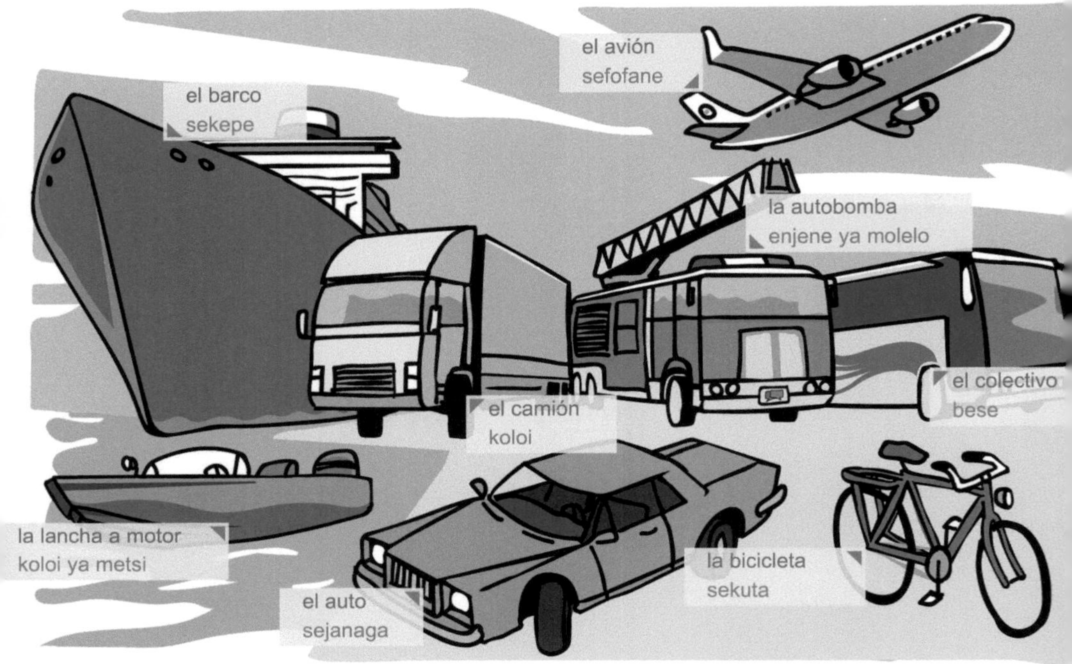
el avión
sefofane
el barco
sekepe
la autobomba
enjene ya molelo
el colectivo
bese
el camión
koloi
la lancha a motor
koloi ya metsi
la bicicleta
sekuta
el auto
sejanaga

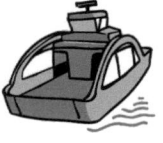

el ferry

feri

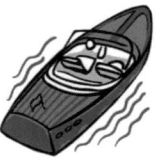

el bote

sekepe

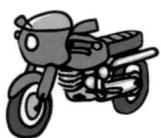

la moto

sethuthuthu

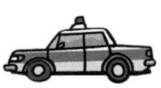

el patrullero

sejanaga sa mapodisa

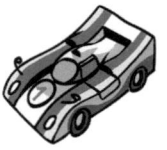

el auto de carreras

sejanaga sa lobelo

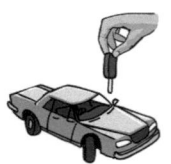

el auto de alquiler

sejanaga se se hirilweng

el alquiler de autos

aroganya sejanaga

la grúa

koloi e e gogang dikoloi tse di robegileng

el camión de la basura

koloi e e tsayang matlakala

el motor

koloi

la nafta

lookwane

la estación de servicio

seteišhene sa lookwane

la señal de tránsito

letshwao la pharakano

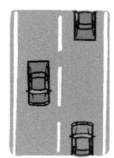

el tránsito

pharakano

el embotellamiento

pharakano

el estacionamiento

lefelo la go emisa koloi

la estación de tren

seteišhene sa terena

las vías

mela

el tren

terena

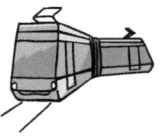

el tranvía

tereme

el vagón

kolotsana

el helicóptero

sefofane

el aeropuerto

boemeladifofane

la torre

tora

el pasajero

mopalami

el contenedor

sekhafothini

la caja de cartón

bokoso

la carretilla

karaki

la canasta

basekete

despegar / aterrizar

go tsamaya / go fitlha

la ciudad

toropo

el pueblo

motse

el centro de la ciudad

legare la teropo

la casa

ntlo

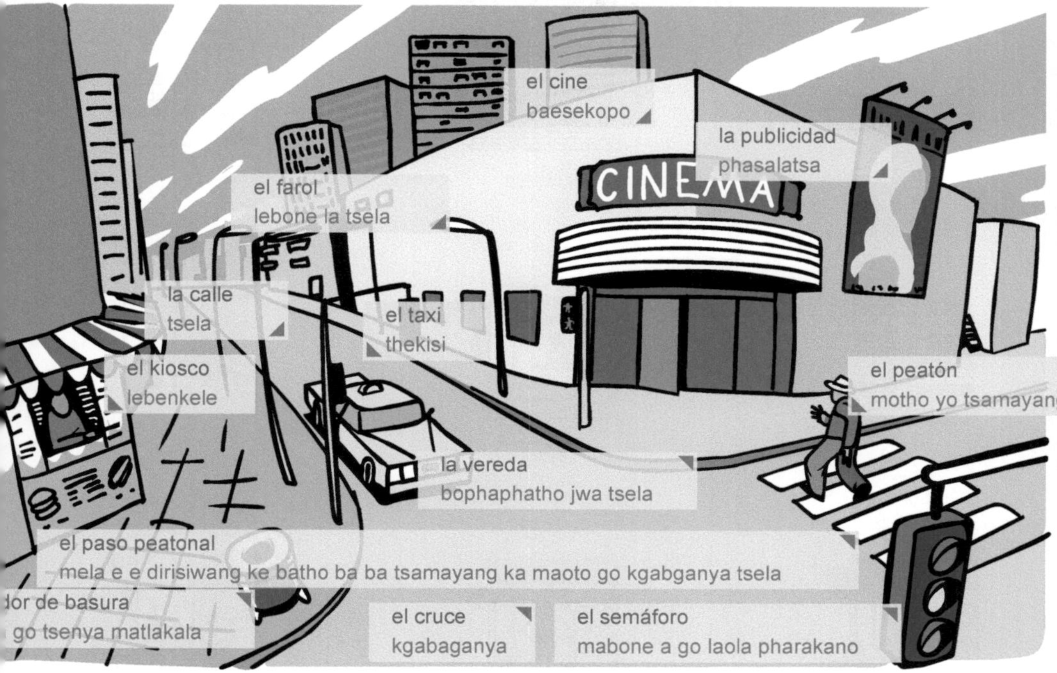

el cine
baesekopo

la publicidad
phasalatsa

el farol
lebone la tsela

CINEMA

la calle
tsela

el taxi
thekisi

el kiosco
lebenkele

el peatón
motho yo tsamayang

la vereda
bophaphatho jwa tsela

el paso peatonal
mela e e dirisiwang ke batho ba ba tsamayang ka maoto go kgabganya tsela

...dor de basura
go tsenya matlakala

el cruce
kgabaganya

el semáforo
mabone a go laola pharakano

la cabaña
...tlo e e ruletseng ka bojang

el departamento
sephara

la estación de tren
seteišhene sa terena

la municipalidad
ntlolehalahala la toropo

el museo
museamo

el colegio
sekolo

la ciudad - toropo

la universidad

unibesithi

el banco

banka

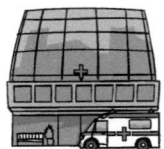

el hospital

sepetlele

el hotel

hotele

la farmacia

lefelo la melemo

la oficina

kantoro

la librería

lebenkele la dibuka

el negocio

lebenkele

la florería

batho ba ba rekisang
malomo

el supermercado

lebenkele

el mercado

maraka

las grandes tiendas

lebenkele la diaparo

la pescadería

fishmongers

el centro comercial

moago wa mabenkele a a
mantsi

el puerto

boema dikepe

el parque

serapa

el banco

banka

el puente

borogo

las escaleras

ditepisi

el subte

kwa tlase ga lefatshe

el túnel

kgogometso

la parada del colectivo

boemela bese

el bar

bara

el restaurante

lefelo la go jela

el buzón

lebokose la pose

el letrero

letshwao la tsela

el parquímetro

mitara wa go emisa koloi

el zoológico

lefelo la go bonela
diphologolo

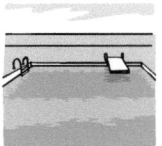

la pileta

letlodi la go thuma

la mezquita

tempele ya mamoselema

la granja
polase

la contaminación
kgotlelelo

el cementerio
mabitla

la iglesia
kereke

los juegos infantiles
lefelo la go tshamekela

el templo
temple

el paisaje
boago jwa lefelo

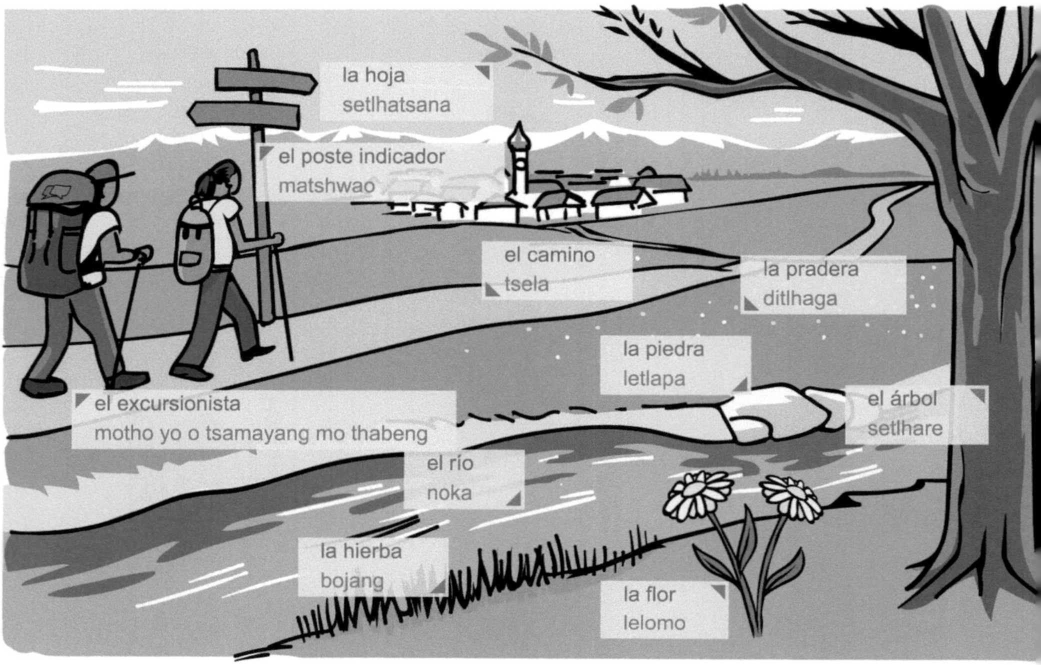

la hoja
setlhatsana

el poste indicador
matshwao

el camino
tsela

la pradera
ditlhaga

la piedra
letlapa

el excursionista
motho yo o tsamayang mo thabeng

el árbol
setlhare

el río
noka

la hierba
bojang

la flor
lelomo

el valle

mokgatšha

la montaña

thatshana

el lago

lekadiba

el bosque

sekgwa

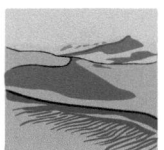

el desierto

sekaka

el volcán

lekgwamolelo

el castillo

khasele

el arco iris

motshe wa badimo

el champiñón

leboa

la palmera

mokolana

el mosquito

montsane

la mosca

tshenekegi

la hormiga

tshoswane

la abeja

notshi

la araña

segokgo

el paisaje - boago jwa lefelo

el escarabajo

khukhwana

la rana

segwagwa

la ardilla

mosha

el erizo

noko

la liebre

mmutla

la lechuza

morubisi

el pájaro

nonyane

el cisne

pidipidi

el jabalí

dikolobe tsa naga

el ciervo

kgokong

el alce

moose

la presa

letamo

el aerogenerador

sefetlhaphefo

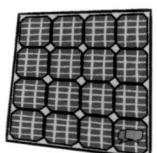

el panel solar

motlakase o o dirilweng ka
letsatsi

el clima

loapi

el restaurante

lefelo la go jela

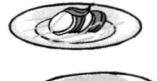

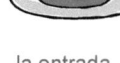

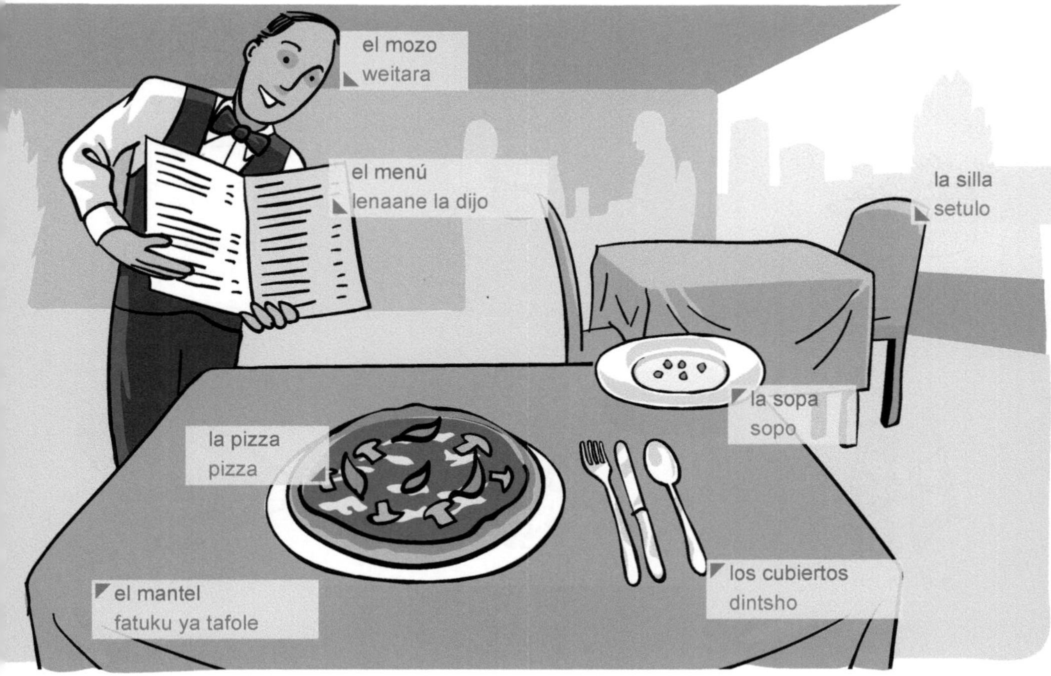
el mozo
weitara
el menú
lenaane la dijo
la silla
setulo
la sopa
sopo
la pizza
pizza
el mantel
fatuku ya tafole
los cubiertos
dintsho

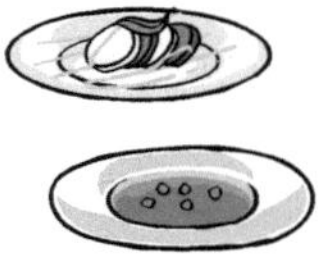

la entrada

sejo sa ntlha

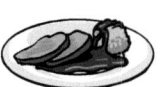

el plato principal

sejo sa bobedi

el postre

dijo tse di naleng sukiri

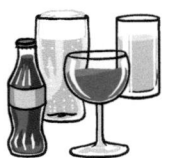

las bebidas

dino

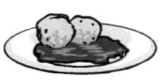

la comida

dijo

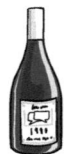

la botella

botlolo

la comida rápida

dijo tsa mo strateng

la comida callejera

dijo tsa seterata

la tetera

ketlele ya tee

la azucarera

sejana sa go tsenya sukiri

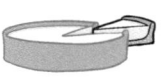

la porción

karolo

la cafetera expreso

motšhini wa espresso

la sillita alta

setulo se se kwa godimo

la cuenta

tshupamolato

la bandeja

terei

el cuchillo

thipa

el tenedor

forotlho

la cuchara

liso

la cucharita

leswana

la servilleta

lesela la go iphimola

el vaso

galase

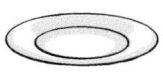

el plato

poleiti

el plato hondo

poleiti ya sopo

el plato

sosara

la salsa

sopo

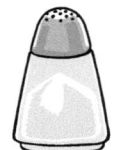

el salero

sejana sa letswai

el molinillo de pimienta

sesila pepere

el vinagre

aseini

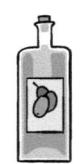

el aceite

oli

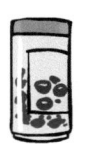

las especias

ditswaiso

el kétchup

tamati souso

la mostaza

masetete

la mayonesa

mayonaese

el supermercado

lebenkele

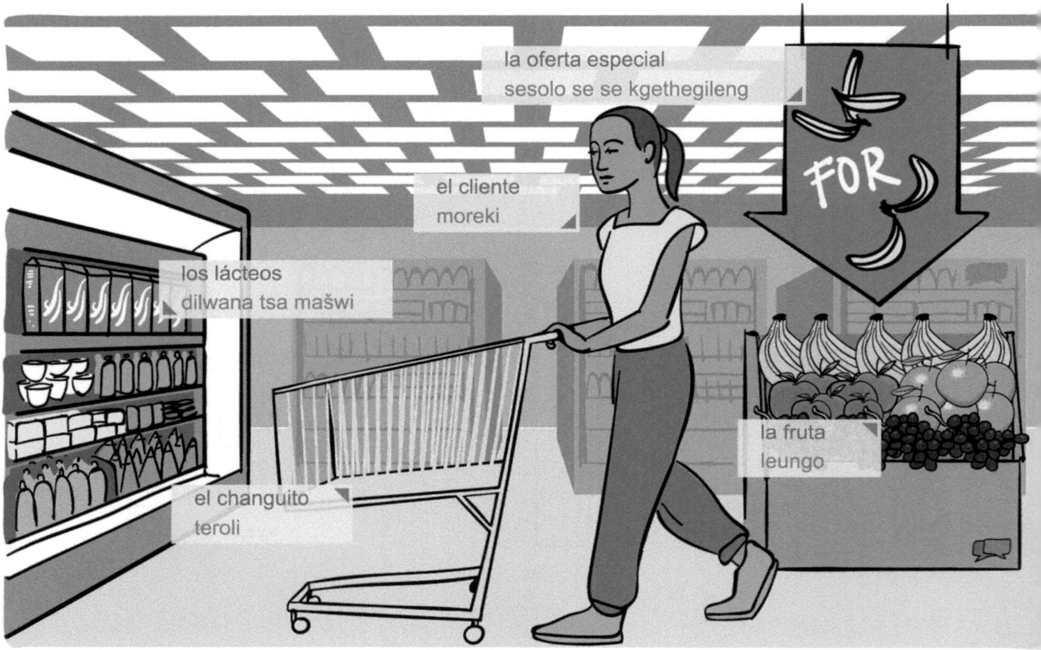
la oferta especial
sesolo se se kgethegileng
el cliente
moreki
FOR
los lácteos
dilwana tsa mašwi
la fruta
leungo
el changuito
teroli

BUTCHERS

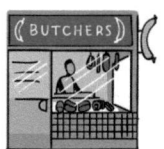

la carnicería

batho ba ba segang nama

BAKERY

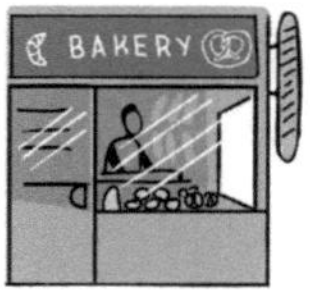

la panadería

babaki

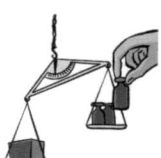

pesar

boima

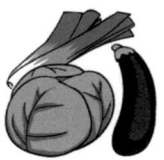

las verduras

merogo

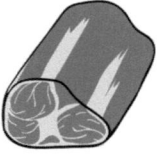

la carne

nama

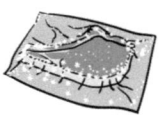

los alimentos congelados

dijo tse di aesitsweng

los fiambres

nama e e sa tlhokeng go apewa

los alimentos enlatados

dijo tsa thini

el detergente en polvo

molora o o tlhatswang

las golosinas

dimonamone

los electrodomésticos

dilwana tsa ntlo

los productos de limpieza

dilwana tsa go phepafatsa

la vendedora

morekisi

la caja

motšhini wa madi

el cajero

morekisi

la lista de compras

lennane la go reka

el horario de atención

diura tsa go bula

la billetera

sepatšhe

la tarjeta de crédito

rata ya go tsaya sekoloto

la cartera

kgetsi

la bolsa de plástico

kgetsi ya polasetiki

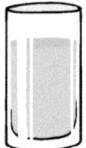

el agua

metsi

el jugo

jusi

la leche

mašwi

la bebida cola

khouku

el vino

beine

la cerveza

biri

el alcohol

bojalwa

el cacao

khoukhou

el té

tee

el café

kofi

el café expreso

esepereso

el cappuccino

cappuccino

la banana

panana

la manzana

apole

la naranja

namune

el melón

legapu

el limón

surunamune

la zanahoria

segwete

el ajo

konofole

el bambú

lotlhaka lwa bampuse

la cebolla

eie

el champiñón

mabowa

las nueces

manoko

los fideos

di-noodles

los tallarines

sepagethi

el arroz

raese

la ensalada

salate

las papas fritas

ditšhipisi

las papas fritas

ditapole tse di gadikilweng

la pizza

pizza

la hamburguesa

hamburger

el sándwich

borotho jo bo tlapisitsweng

el churrasco

nama e e gadikilweng

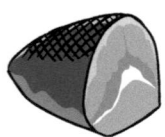

el jamón

nama ya kolobe

el salame

salami

la salchicha

boroso

el pollo

koko

el asado

gadika

el pescado

tlhapi

los copos de avena

bogobe jwa outse

el muesli

muesli

los copos de maíz

cornflakes

la harina

bupi

la medialuna

croissante

el pancito

banse

el pan

borotho

la tostada

borotho jo bo besitsweng

las galletitas

bisikiti

la manteca

botoro

la cuajada

tšhisi

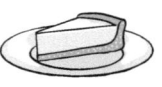

la torta

kuku

el huevo

lee

el huevo frito

lee le le gadikilweng

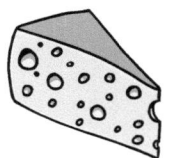

el queso

kase

la comida - dijo

25

el helado

aesekirimi

el azúcar

sukiri

la miel

mamepe a dinotshe

la mermelada

jeme

la pasta de chocolate

chokolete e e tshasiwang

el curry

khari

la granja
polase

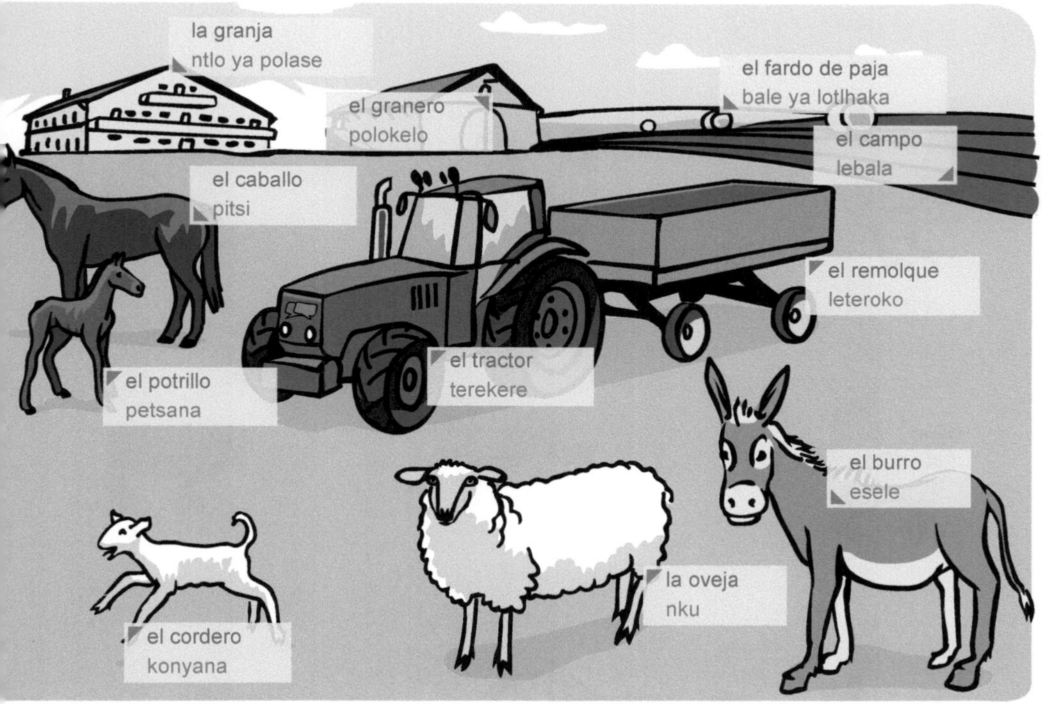

la granja
ntlo ya polase
el granero
polokelo
el fardo de paja
bale ya lotlhaka
el campo
lebala
el caballo
pitsi
el remolque
leteroko
el potrillo
petsana
el tractor
terekere
el burro
esele
la oveja
nku
el cordero
konyana

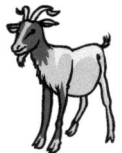

la cabra
pudi

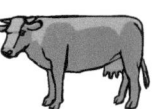

la vaca
kgomo

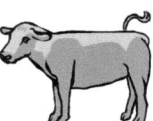

el ternero
namane

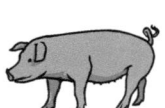

el cerdo
kolobe

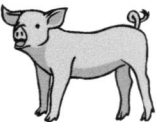

el lechón
kolojane

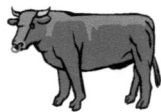

el toro
poo

el ganso

ganse

el pato

pidipidi

el pollo

kokwanyana

la gallina

mokoko

el gallo

mokoko

la rata

peba

el gato

katse

el ratón

peba

el buey

kgomo

el perro

ntša

la cucha

ntlo ya ntša

la manguera

lethompo la tshingwana

la regadera

tanka ya go nosetsa

la guadaña

disekele tsa tshipi

el arado

lema

la hoz
disekele

la azada
setlhagola

la horquilla
foroko ya go peta

el hacha
selepe

la carretilla
kiribae

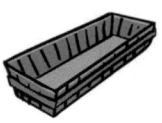

el abrevadero
bonwelo

la lechera
mašwi a a moteng ga moteme

la bolsa
kgetsana

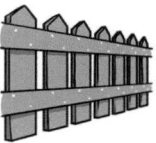

la reja
legora

el establo
tsepame

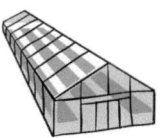

el invernadero
lefelo la go godisa dijalo

el suelo
mmu

la semilla
peo

el fertilizador
menyoro

la cosechadora
thobo e e kopaneng

cosechar

thobo

la cosecha

thobo

las batatas

di-yam

el trigo

korong

la soja

soya

la papa

tapole

el maíz

korong

la semilla de colza

disonobolomo

el árbol frutal

setlhare sa maungo

la mandioca

cassava

los cereales

dijo tsa phakela

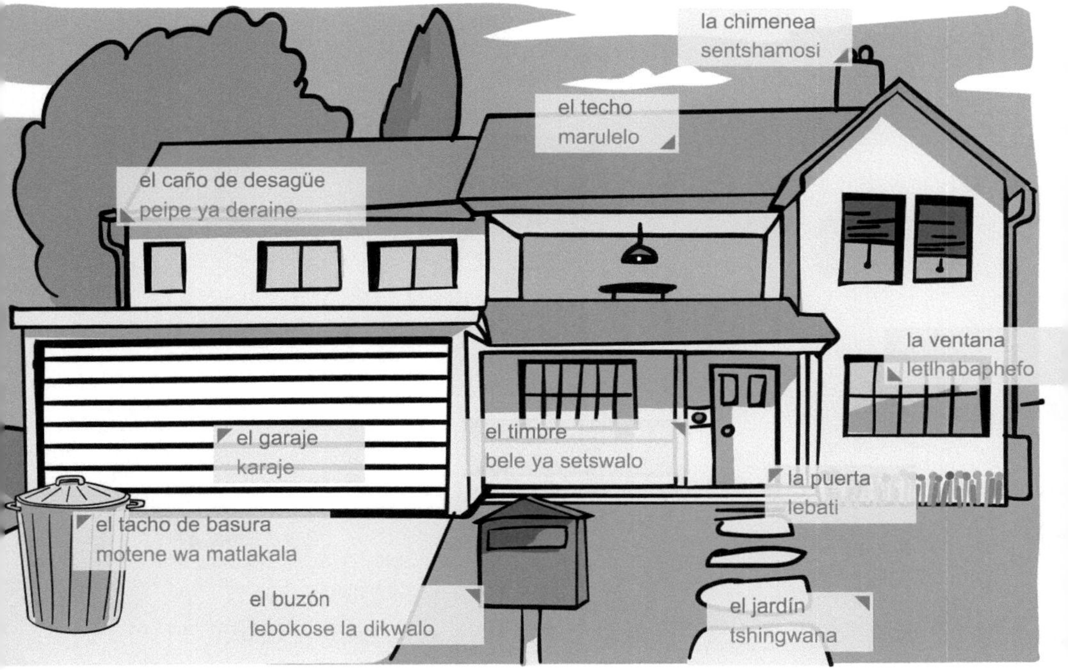

la chimenea
sentshamosi

el techo
marulelo

el caño de desagüe
peipe ya deraine

la ventana
letlhabaphefo

el garaje
karaje

el timbre
bele ya setswalo

la puerta
lebati

el tacho de basura
motene wa matlakala

el buzón
lebokose la dikwalo

el jardín
tshingwana

el living

phaposi ya bodulo

el baño

phaposi ya go tlhapela

la cocina

boapeelo

el dormitorio

phaposi ya borobalo

el cuarto de los chicos

phaposi ya bana

el comedor

phaposi ya bojelo

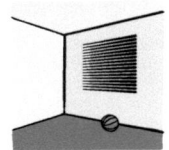

el piso

mo fatshe

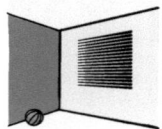

la pared

lebota

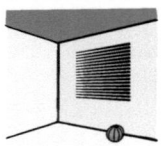

el cielorraso

siling

el sótano

mabolokelo

el sauna

se futhumatsa mmele

el balcón

mokatako

la terraza

mokgekolosa

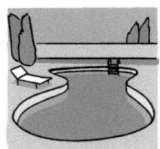

la pileta

makadiba

la cortadora de pasto

sedirisiwa sa go sega bojang

la sábana

lakane

el acolchado

kobo

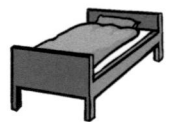

la cama

bolao

la escoba

lefielo

el balde

kgamelo

el interruptor

switch

el living
phaposi ya bodulo

el empapelado
pampiri e e kgabisng lebota
la imagen
setshwantsho
la lámpara
lobone
el estante
raka
el armario
raka
la televisión
thelebishene
la chimenea
iso
la flor
lelomo
el almohadón
mosamo
el sofá
soufa
el florero
setsenya malomo
el control remoto
selaola thelebishene o le kgakala le yone

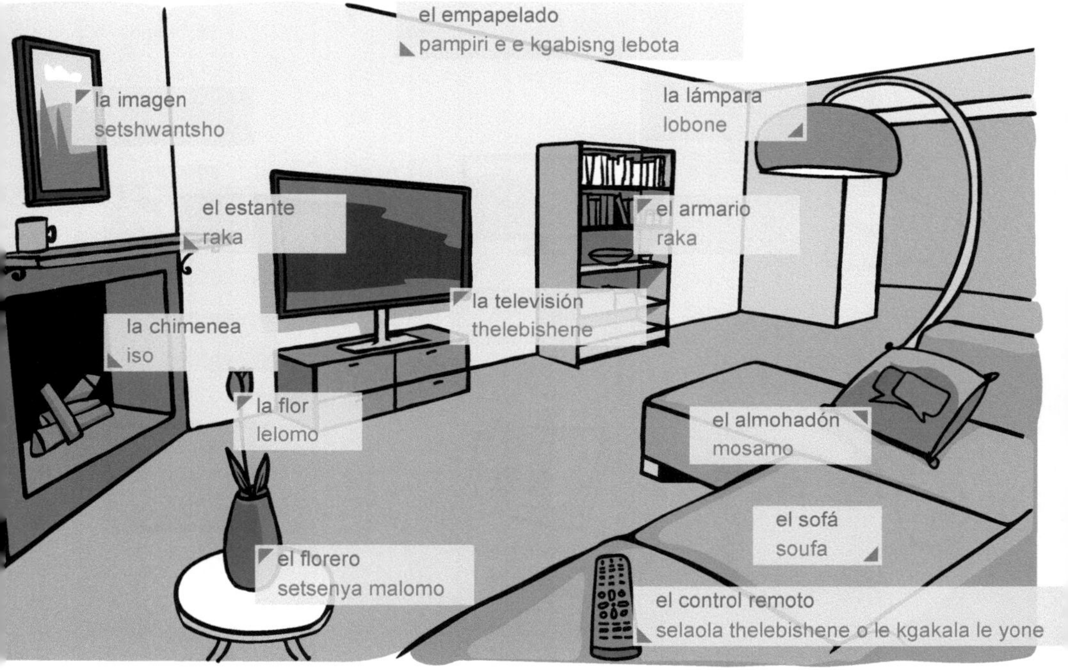

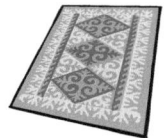

la alfombra

mmetshe

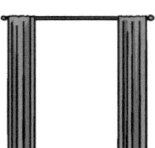

la cortina

garetene

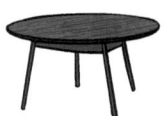

la mesa

tafole

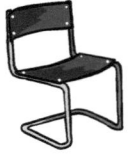

la silla

setulo

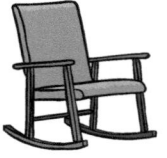

la mecedora

setulo se se binang

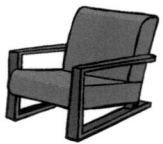

el sillón

setulo se se naleng boikego

el libro

buka

la frazada

kobo

la decoración

mokgabiso

la leña

dikgong tsa molelo

la película

filimi

el equipo de música

hi-fi ya go letsa

la llave

selotlolo

el diario

lokwalodikgang

la pintura

setshwantsho se se
dirilweng ka pente

el póster

pampiri ya go phasalatsa

la radio

seyalemowa

el cuaderno

buka ya dintla

la aspiradora

huvara

el cactus

motoroko

la vela

kerese

la cocina

boapeelo

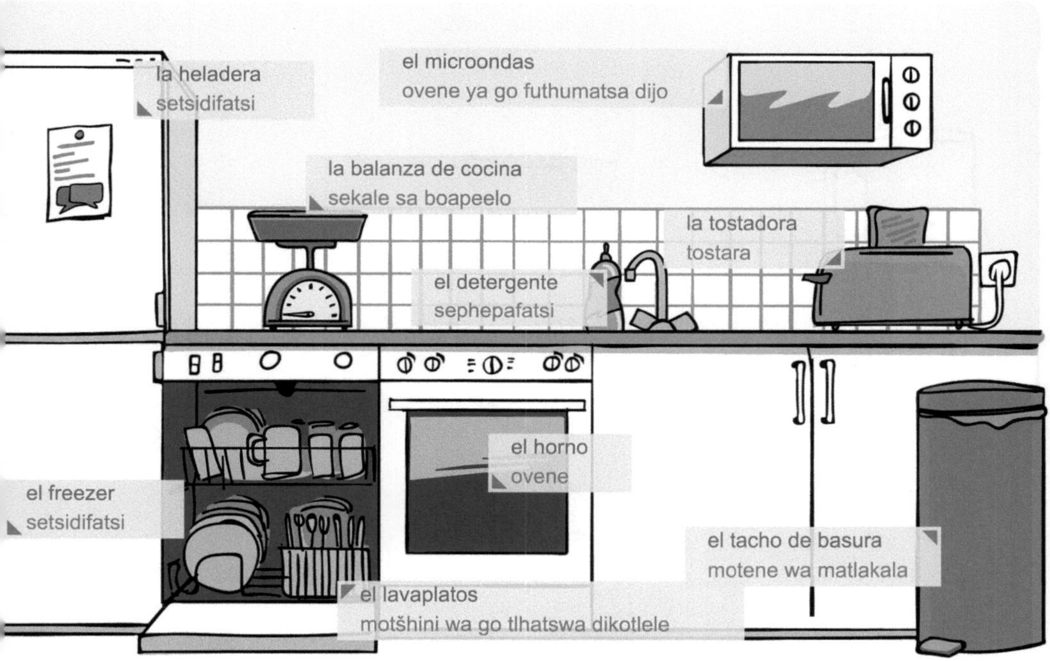
la heladera
setsidifatsi
el microondas
ovene ya go futhumatsa dijo
la balanza de cocina
sekale sa boapeelo
la tostadora
tostara
el detergente
sephepafatsi
el horno
ovene
el freezer
setsidifatsi
el tacho de basura
motene wa matlakala
el lavaplatos
motšhini wa go tlhatswa dikotlele

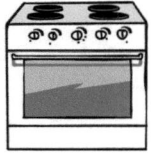

la cocina

moapei

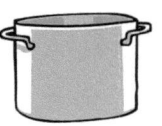

la olla

pitsa

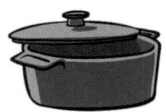

la olla de hierro fundido

pitsa ya tshipi

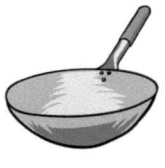

el wok

wok / kadai

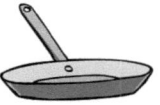

la sartén

pane

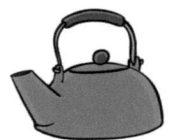

la pava

ketlele

la vaporera

sefuthumatsi

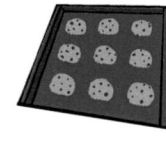

la bandeja de horno

terei ya go baka

la vajilla

dintsho

la taza

kopi

el bol

sejana

los palitos

thobane ya go rema

el cucharón

thoka

la espátula

sepatšhula

la batidora

wiskara

el colador

setereinara

el colador

setlhotlhi

el rallador

greitara

el mortero

kika

la parrilla

nama ya kgomo

la fogata

molelo o o mopepeneneg

la tabla de picar

boroto ya go segela

el palo de amasar

rolara

el sacacorchos

sebula dibotlolo tsa beine

la lata

moteme

el abrelatas

sebula moteme

la manopla

setshwari sa pitsa

la pileta

sinki

el cepillo

boratšhe

la esponja

sepontšhe

la batidora

etlhakanya dijo / maungo

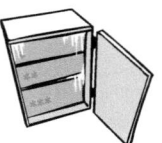

el congelador

setsidifatsi

la mamadera

botlole ya ngwana

la canilla

tepe

el baño
phaposi ya go tlhapela

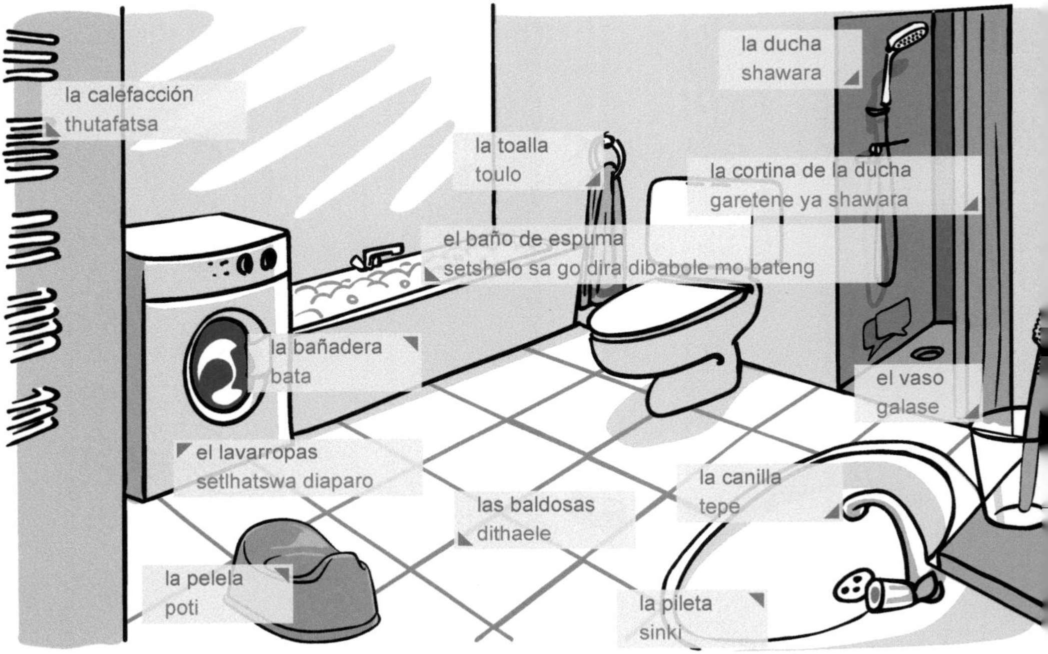
la ducha
shawara
la calefacción
thutafatsa
la toalla
toulo
la cortina de la ducha
garetene ya shawara
el baño de espuma
setshelo sa go dira dibabole mo bateng
la bañadera
bata
el vaso
galase
el lavarropas
setlhatswa diaparo
la canilla
tepe
las baldosas
dithaele
la pelela
poti
la pileta
sinki

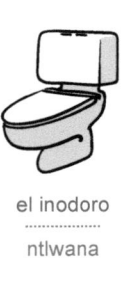

el inodoro

ntlwana

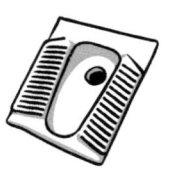

la letrina

ntlwana ya go kotama

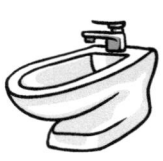

el bidé

bidete

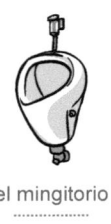

el mingitorio

moroto

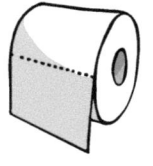

el papel higiénico

pampiri ya boithomelo

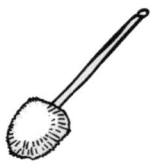

el cepillo para el inodoro

boratšhe jwa ntlwana

el cepillo de dientes

boratšhe jwa meno

el dentífrico

sesepa sa meno

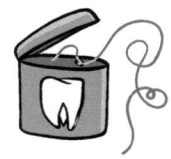

el hilo dental

tlhale ya go phepafatsa meno

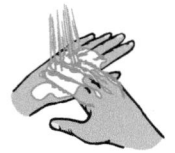

lavar

tlhatswa

la ducha de mano

shawara ya go itshwarela

la ducha higiénica

senkgisa monate

la palangana

beisini

el cepillo para la espalda

boratšhe jwa mokwatla

el jabón

sesepa

el gel de ducha

jele ya shawara

el shampoo

setlhapisa moriri

la toallita

folanele

el desagüe

mosele

la crema

setlolo

el desodorante

senkgamonate

el espejo

seipone

el espejito

seipone sa go itshwarela

la maquinita de afeitar

legare

la espuma de afeitar

foumu ya go ntsha moriri

el aftershave

foumu ya fa o fetsa go
ntsha moriri

el peine

kama

el cepillo

boratšhe

el secador de pelo

seomisa moriri

el spray

seporei sa moriri

el maquillaje

seitlole sa sefatlhego

el lápiz de labios

setlolo sa molomo

el esmalte para uñas

pente ya dinala

el algodón

boboa

la tijera para uñas

sekere sa dinala

el perfume

leokwane le le nkgang
monate

el portacosméticos

kgetsana ya go tlhatswa

la banqueta

setulo

la balanza

sekale sa go lekanya

la bata

seaparo sa botlhapelo

los guantes de goma

ditlelafo tsa rekere

el tampón

tempone

la toallita femenina

sedirisiwa sa basadi ba ba
mo kgweding

el baño químico

ntlwana ya khemikhale

el cuarto de los chicos
phaposi ya bana

el despertador
tshupanako ya alamo
el peluche
mpopi wa go tlamparela
el coche de juguete
koloi e e tshamekang
el sonajero
setšhakgatšhakga
la casa de muñecas
ntlo ya dipompi
el regalo
poresente

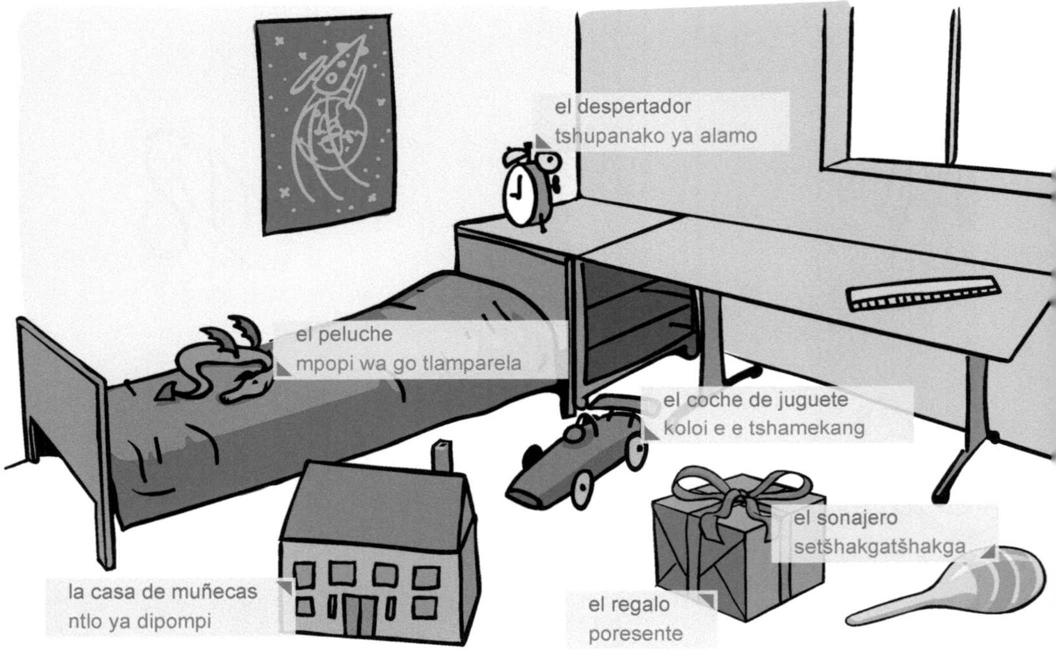

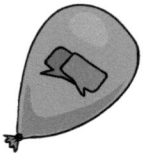

el globo

baluni

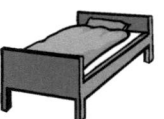

la cama

bolao

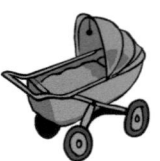

el cochecito

porema

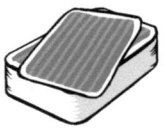

las cartas

deck of cards

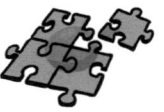

el rompecabezas

saga ya motlakase

SUPER MEGA

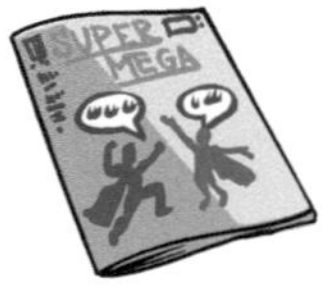

la historieta

buka ya ditshegisi

las piezas de lego

matlapa a go tshameka

los ladrillos de juguete

diboloko tse di tshamekang

la figura de acción

setshwantsho sa motho

el enterito (de bebé)

seaparo sa lesea

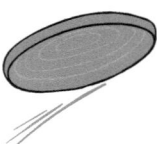

el frisbee

Frisbee

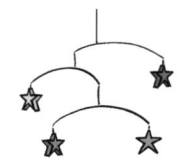

el móvil para bebés

selo sa go letsa mmino mo ditsebeng

el juego de mesa

motshameko wa boroto

los dados

daese

el tren eléctrico

terena

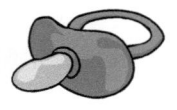

el chupete

tami

la fiesta

moletlo

el libro de cuentos ilustrado

buka ya ditshwantsho

la pelota

bolo

la muñeca

mpopi

jugar

tshameka

el arenero

lebala le le naleng santa

la hamaca

moswinki

los juguetes

ditshamekisi tsa bana

la consola de videojuegos

motshameko wa dibidio

el triciclo

baesekele ya maotwana a a mararo

el osito de peluche

bera e e diretsweng go tshamekisa bana

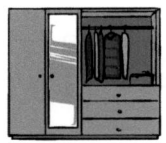

el armario

raka ya go baya diaparo

la ropa

seaparo

las medias

dikausu

las medias panty

dikausu tsa basadi

las calzas

dithaetse

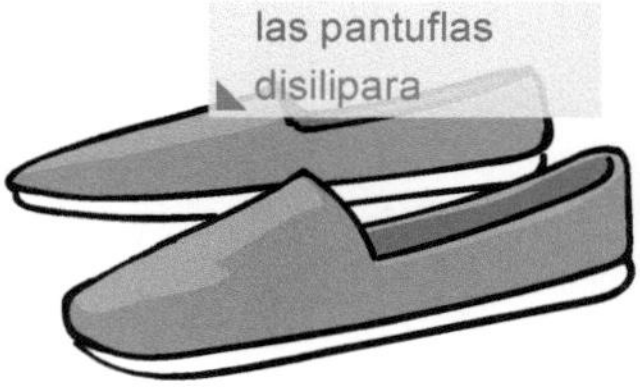

la bufanda
sekhafo

el paraguas
sekhukhu

la remera
sekipa

el cinturón
lebante

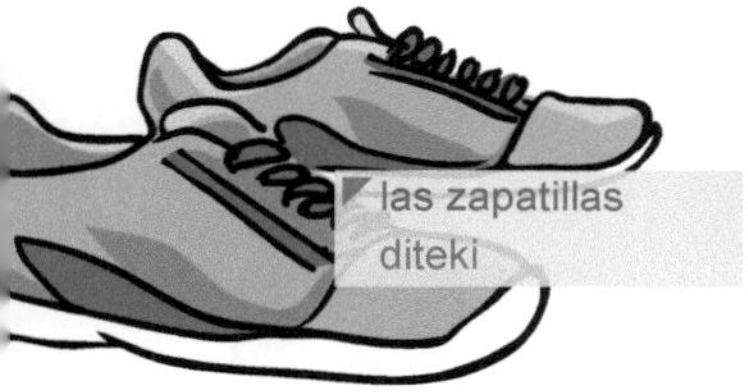

las botas
dibutshi

las pantuflas
disilipara

las zapatillas
diteki

las sandalias
....
dimphatšhane

los zapatos
....
ditlhako

las botas de goma
....
dibutshi tsa rekere

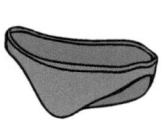

la ropa interior
....
borukgwe jwa kwateng

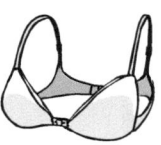

el corpiño
....
boraa

el chaleco
....
besete

el body

mmele

los pantalones

borukgwe

los jeans

bokate

la pollera

sekete

la blusa

bolaose

la camisa

hempe

el pulóver

jeresi e e senang matsogo

el buzo

jakete e e enaleng hutshe

el blazer

boleisara

la campera

jakete

el tapado

jase

el piloto

jase ya pula

el traje

khosetjhumo

el vestido

mosese

el vestido de novia

mosese wa lenyalo

la ropa - seaparo

el traje

sutu

el camisón

seaparo sa bosigo

el pijama

diaparo tsa go robala

el sari

sari

el pañuelo para la cabeza

sekhafa sa tlhogo

el turbante

turban

la burka

burqa

el caftán

kaftan

la abaya

abaya

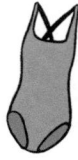

el traje de baño

seaparo sa go thuma

el short de baño

diteranka

los shorts

borukgwe jo bo khutshwane

el jogging

terekesutu

el delantal

seaparo sa go phephafatsa

los guantes

ditlelafo

el botón

talama

los anteojos

diborele

la pulsera

sebaga

el collar

sebaga sa mo thamong

el anillo

palamonwana

el aro

lengena

la gorra

kepisi

la percha

sepega baki

el sombrero

hutshe

la corbata

tae

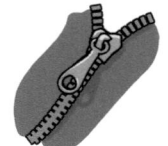

el cierre

zepe

el casco

hutshe ya sethuthuthu

los tiradores

ditrata tsa meno

el uniforme escolar

diaparo tsa sekolo

el uniforme

diaparo tsa mmereko /
diaparo tsa sekolo

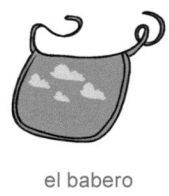

el babero

bebe

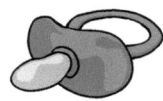

el chupete

tami

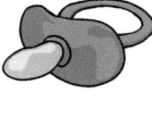

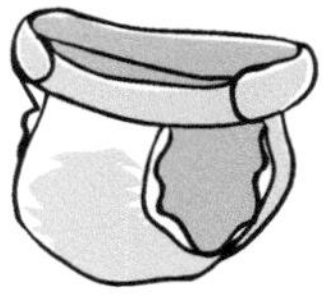

el pañal

mongato

la oficina
kantoro

el servidor
server
el archivero
lekase la difaele
la impresora
segatisi
el papel
pampiri
el monitor
monithara
el mouse
maose
el escritorio
tafole
la carpeta
fouldara
el teclado
khiboto
el tacho (de basura)
moteme wa dipampiri
la silla
setulo
la computadora
khomputara

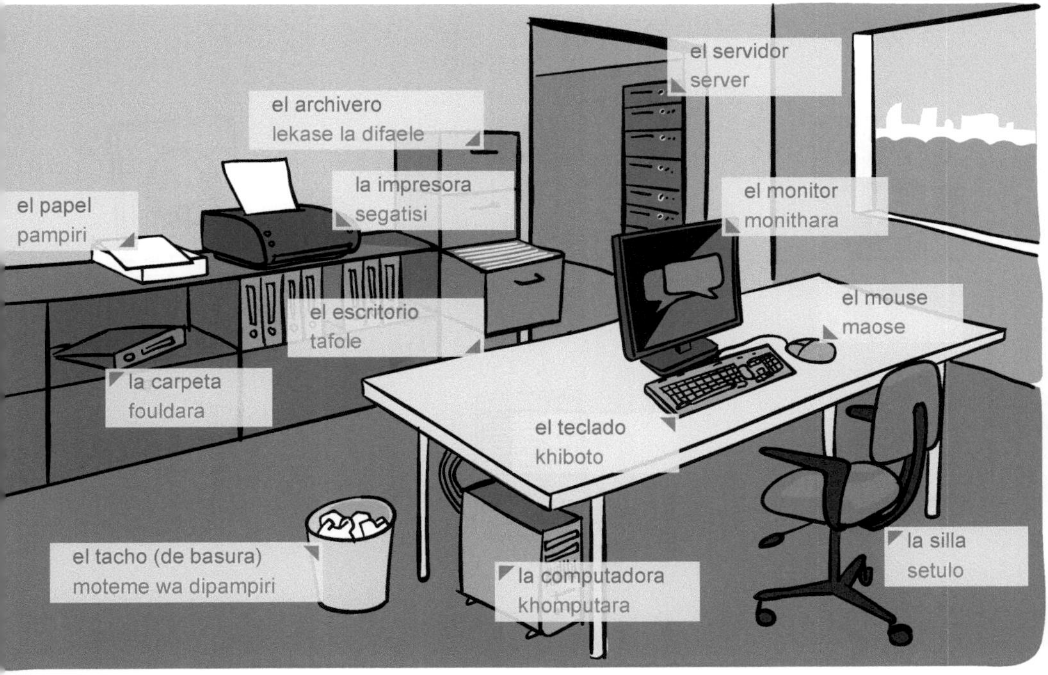

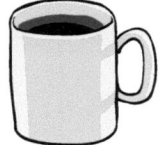

la taza de café

kopi

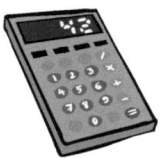

la calculadora

khalkhuleitara

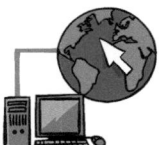

el internet

inthanete

la laptop

lapothopo

la carta

lekwalo

el mensaje

molaetsa

el celular

mogala wa letheka

la red

kgolagano ya megala

la fotocopiadora

segatisa dipampiri

el software

software

el teléfono

mogala

el tomacorriente

sokete ya polaka

el fax

motšhini wa fekese

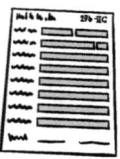

el formulario

foromo

el documento

setlankana

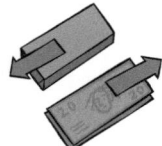

comprar

reka

pagar

patela

hacer negocios

rekisa

el dinero

madi / tšhelete

USD

el dólar

dolara

EUR

el euro

euro

JPY

el yen

yen

RUB

el rublo

roubele

CHF

el franco suizo

swiss franc

CNY

el yuan

renminbi yuan

INR

la rupia

rupee

el cajero automático

lefelo la madi

la casa de cambio

kantoro ya go fetola madi

el oro

gauta

la plata

selefera

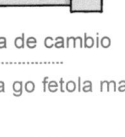

el petróleo

oli

la energía

maatla

el precio

tlhwatlhwa

el contrato

konteraka

el impuesto

lekgetho

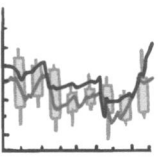

la acción

setoko

trabajar

dira

el empleado

mothapiwa

el empleador

mothapi

la fábrica

bodirelo

el negocio

lebenkele

las ocupaciones

maemo

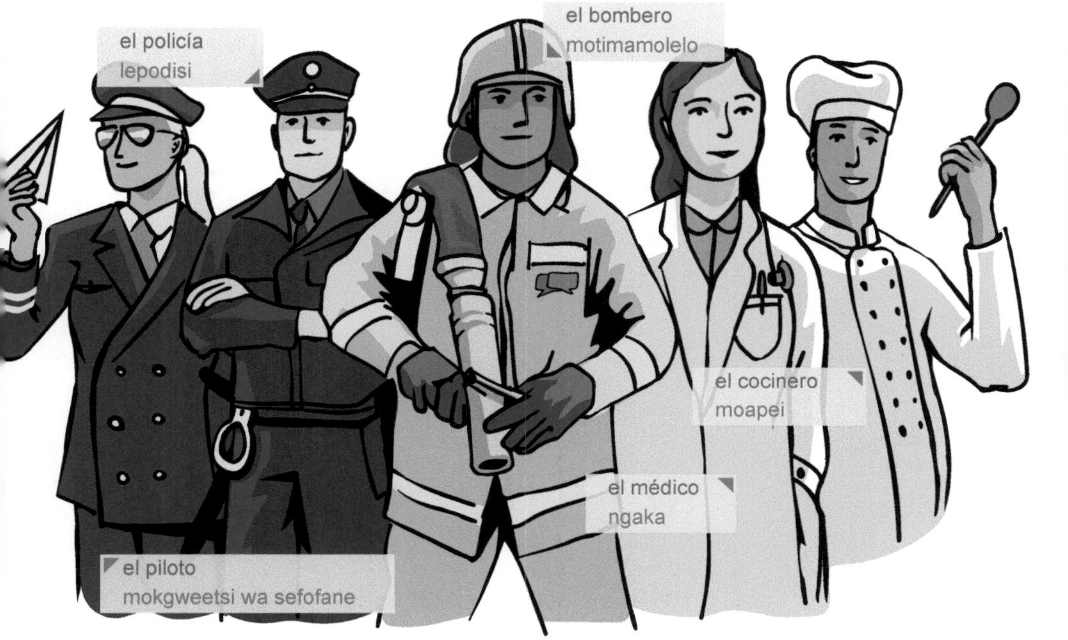
el policía
lepodisi
el bombero
motimamolelo
el cocinero
moapei
el médico
ngaka
el piloto
mokgweetsi wa sefofane

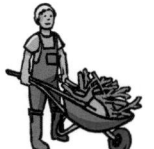

el jardinero

ratshingwana

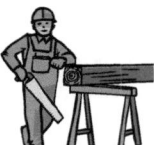

el carpintero

mmetli wa dikgong

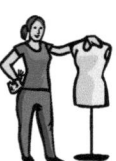

la modista

moroki

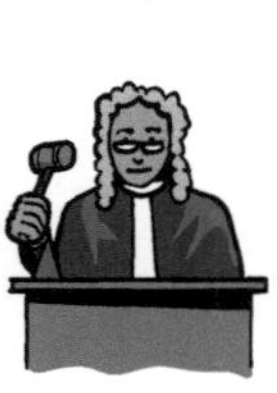

el juez

moatlhodi

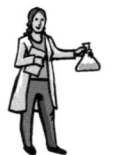

el farmacéutico

moitse wa melemo

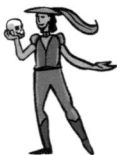

el actor

modiragatsi

el colectivero

mokgweetsi wa bese

el taxista

mokgweetsi wa tekisi

el pescador

motshwari wa ditlhapi

la mucama

Mme yo o phepafatsang

el techista

moruledi

el mozo

weitara

el cazador

motsumi

el pintor

motaki

el panadero

mmesi wa senkgwe

el electricista

ramotlakase

el albañil

moagi

el ingeniero

moenjenere

el carnicero

mosegi wa nama

el plomero

motsenyi wa diphaepe tsa metsi

el cartero

motsamaisa poso

el soldado

leshole

el arquitecto

modiri wa dipolane

el cajero

morekisi

el florista

morekisi wa malomo

el peluquero

mokgabisamoriri

el cobrador

kondactara

el mecánico

mokheneke

el capitán

mokapeteine

el dentista

ngaka ya meno

el científico

Rasaense

el rabino

moruti

el imán

imam

el monje

moitlami

el sacerdote

moruti

las herramientas
didiriswa

el martillo
hamore
la tenaza
tang
el destornillador
sekurufu deraevara
la llave
sepanere
la linterna
lobone

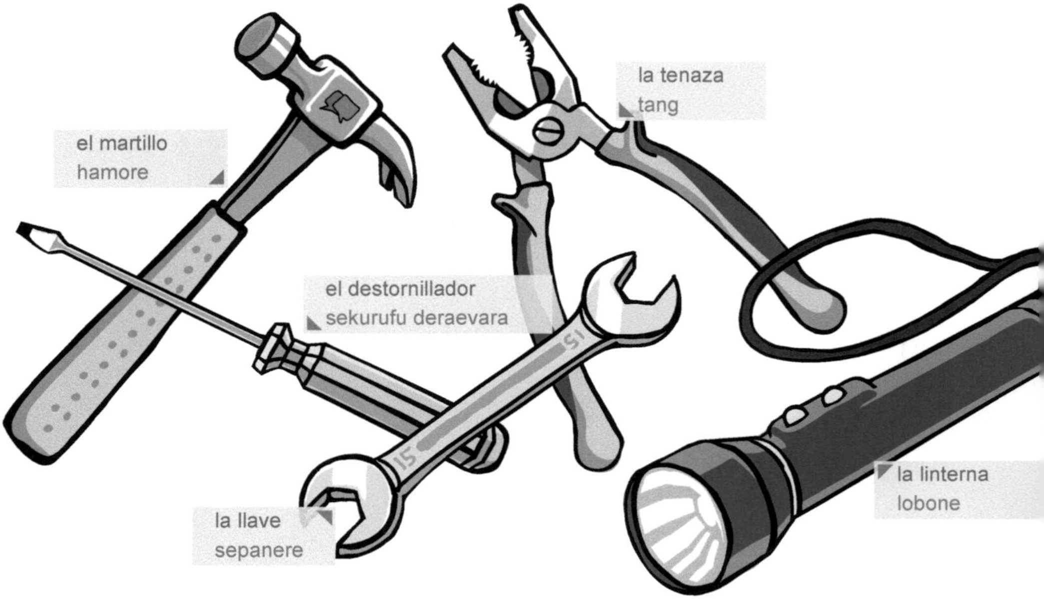

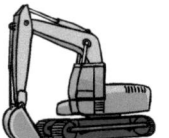

la excavadora

moepi

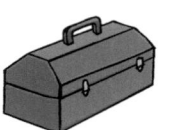

la caja de herramientas

bokoso ya didirisiwa

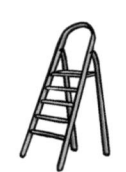

la escalera portátil

lere

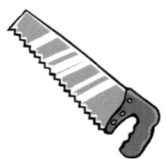

la sierra

saga

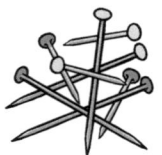

los clavos

dipekere

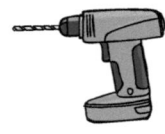

el taladro

sebori

arreglar

baakanya

la pala de jardín

garawe

¡Qué bronca!

ijaa!

la pala de plástico

seolela matlakala

el tacho de pintura

pitsa ya pente

los tornillos

sekurufu

los instrumentos musicales
didirisiwa tsa mmino

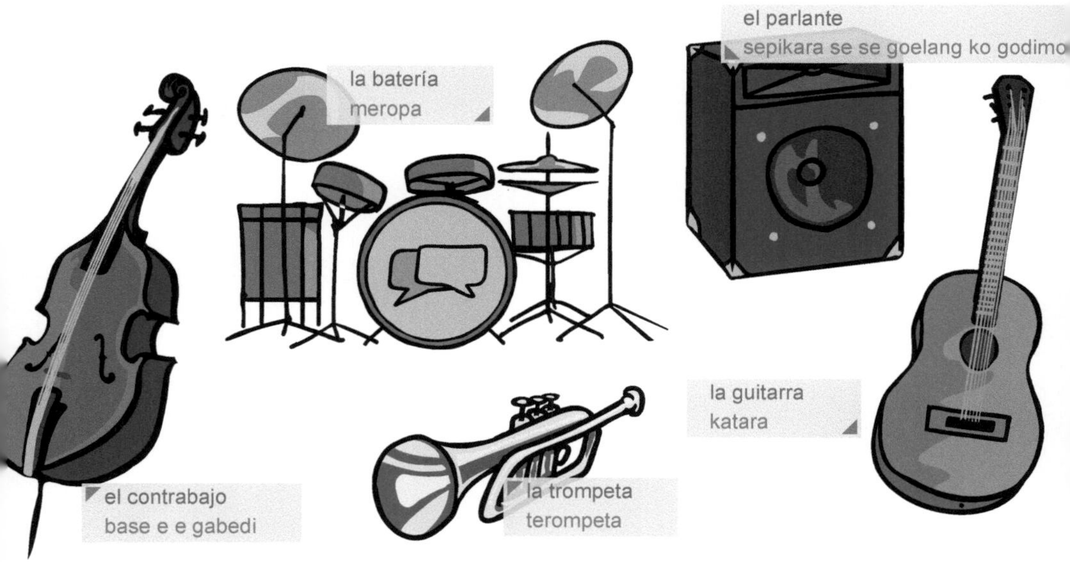

el parlante

sepikara se se goelang ko godimo

la batería

meropa

la guitarra

katara

el contrabajo

base e e gabedi

la trompeta

terompeta

el piano

piano

el violín

bayolini

el bajo

base

los timbales

timpane

el tambor

meropa

el teclado

khiboto

el saxofón

sekesofone

la flauta

phala

el micrófono

sebuela godimo

el zoológico
lefelo la go bonela diphologolo

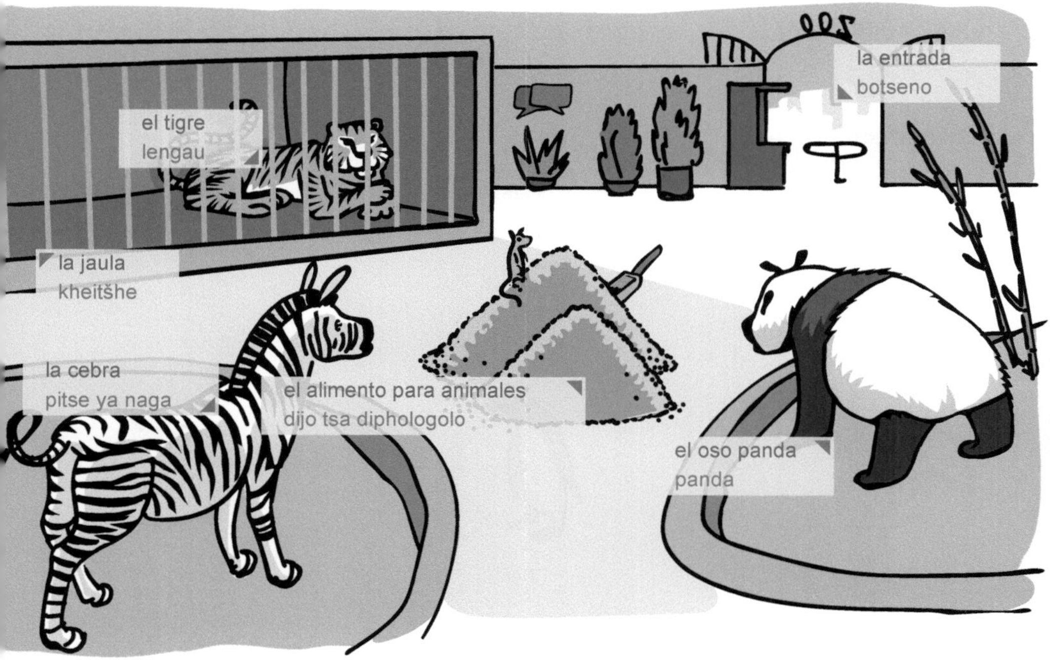
zoo
la entrada
botseno
el tigre
lengau
la jaula
kheitšhe
la cebra
pitse ya naga
el alimento para animales
dijo tsa diphologolo
el oso panda
panda

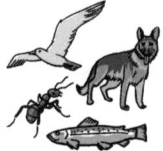

los animales

diphologolo

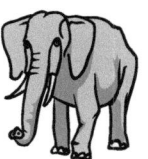

el elefante

tlou

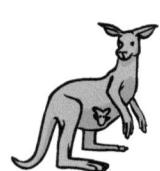

el canguro

dikhankaruu

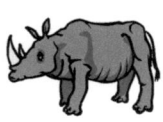

el rinoceronte

tshukudu

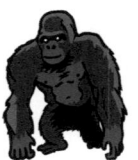

el gorila

tshweni

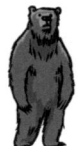

el oso

bera

el camello

kamela

el avestruz

kalakune

el león

tau

el mono

tshwene

el flamenco

flamingo

el loro

papalagae

el oso polar

bera e e dulang ko lefelong
le le tsididi thata

el pingüino

nonyane tsa lewatle

el tiburón

leruarua

el pavo real

phikoko

la serpiente

noga

el cocodrilo

kwena

el cuidador del zoológico

motlhokomedi wa
diphologolo

la foca

sili

el jaguar

katse

el poni

petsana

el leopardo

lengau

el hipopótamo

tshukudu

la jirafa

thutlwa

el águila

ntsu

el jabalí

dikolobe tsa naga

el pescado

tlhapi

la tortuga

khudu

la morsa

walrus

el zorro

ntja ya naga

la gacela

tshephe

el fútbol americano
kgwele ya dinao ya Amerika

el ciclismo
motshameko wa baesekele

el tenis
tenese

el básquet
baseketebolo

la natación
thuma

el boxeo
motshameko wa go lwa ka diatla

el hockey sobre hielo
hockey ya mo aeseng

el fútbol
kgwele ya dinao

el bádminton
badminthone

el atletismo
atletiki

el handball
kgwele ya diatla

el esquí
skiing

el polo
polo

las actividades
didirwa

reír
tshega
saltar
tlola
abrazar
tlamparela
caminar
tsamaya
cantar
opela
soñar
lora
rezar
rapela
besar
atla

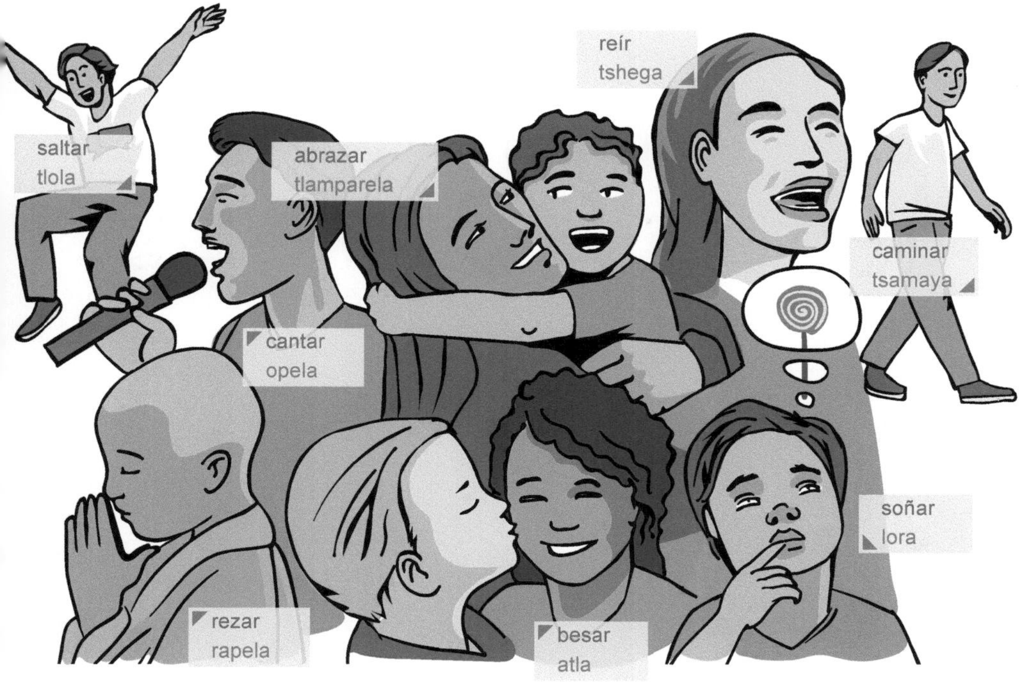

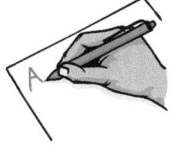

escribir
kwala

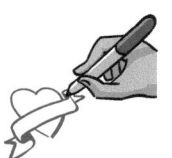

dibujar
torowa

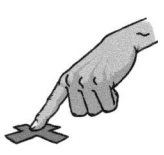

mostrar
bontsha

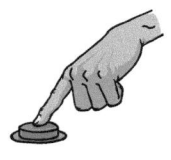

presionar
kgorometsa

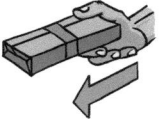

dar
naya

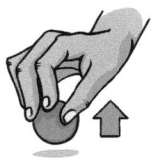

tomar
tsaya

tener

go nna

hacer

dira

ser

nna

estar parado

ema

correr

taboga

tirar

goga

tirar

latlha

caer

wa

estar acostado

maaka

esperar

ema

llevar

tsholetsa

estar sentado

dula

vestirse

apara

dormir

robala

despertar

tsoga

mirar

leba

llorar

lela

acariciar

thuma ka lemorago

peinar

kama

hablar

bua

entender

tlhaloganya

preguntar

botsa

escuchar

reetsa

beber

nwa

comer

ja

ordenar

phepafatsa

amar

lorato

cocinar

apaya

manejar

kgweetsa

volar

fofa

navegar

seila

calcular

khalkhuleitara

leer

bala

aprender

ithute

trabajar

dira

casarse

nyala

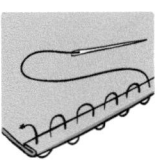

coser

roka

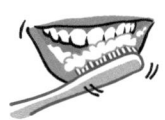

cepillarse los dientes

tlhapa meno

matar

bolaya

fumar

tsuba

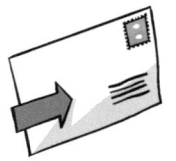

enviar

romela

la familia
lelapa

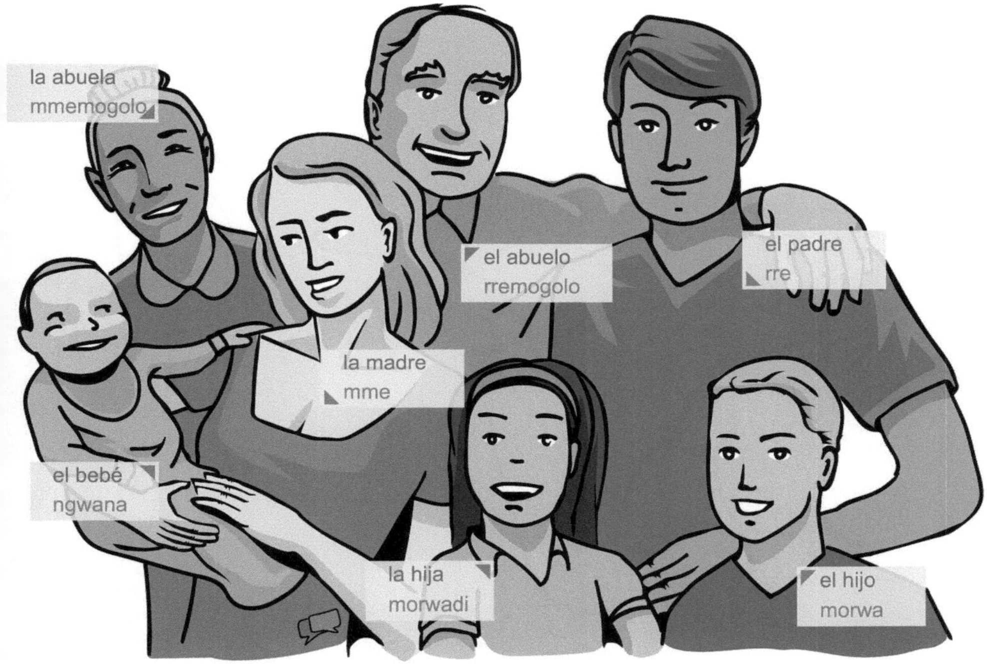
la abuela
mmemogolo
el abuelo
rremogolo
el padre
rre
la madre
mme
el bebé
ngwana
la hija
morwadi
el hijo
morwa

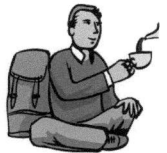

el invitado

moeng

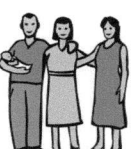

la tía

mmangwane

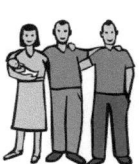

el tío

malome

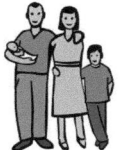

el hermano

abuti

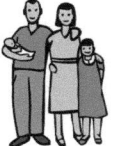

la hermana

ausi

el cuerpo
mmele

la frente
phatlha
el ojo
leitlho
el hombro
legetla
el dedo
monwana
la cara
sefatlhego
la pera
seledu
la mano
seatla
la pierna
leoto
el pecho
letsele
el brazo
letsogo

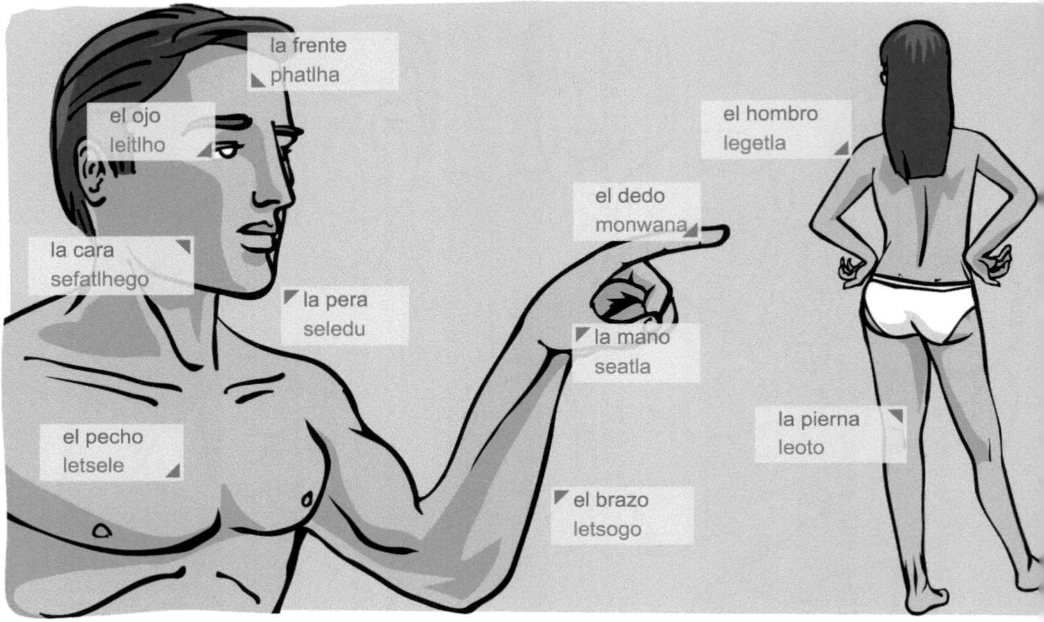

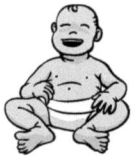

el bebé

ngwana

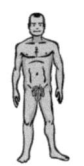

el hombre

monna

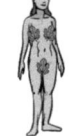

la mujer

mosadi

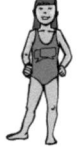

la nena

mosetsana

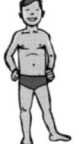

el nene

mosimane

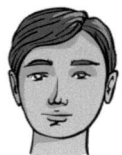

la cabeza

tlhogo

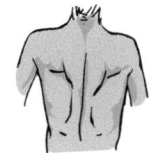

la espalda
....
mokwatla

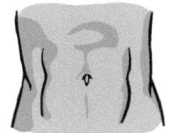

la panza
....
mpa

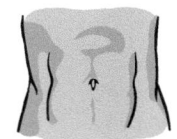

el ombligo
....
khubu

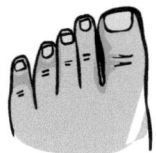

el dedo del pie
....
monwana

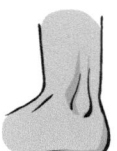

el talón
....
serethe

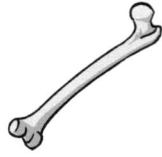

el hueso
....
lerapo

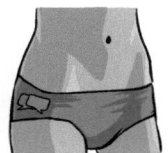

la cadera
....
letheka

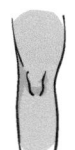

la rodilla
....
lengole

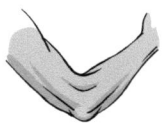

el codo
....
sekgono

la nariz
....
nko

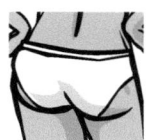

la cola
....
ko tlase

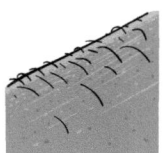

la piel
....
letlalo

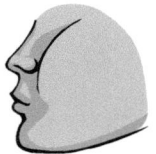

el cachete
....
lerama

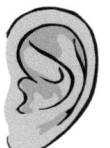

la oreja
....
tsebe

el labio
....
pounama

la boca

molomo

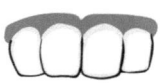

el diente

leino

la lengua

loleme

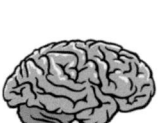

el cerebro

boboko

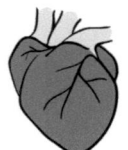

el corazón

pelo

el músculo

maatla

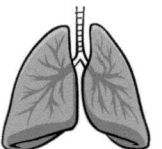

el pulmón

lekgwafo

el hígado

sebete

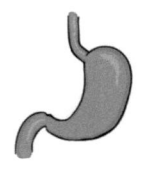

el estómago

mala

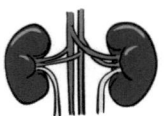

los riñones

diphio

el sexo

bong

el preservativo

mosomelwana

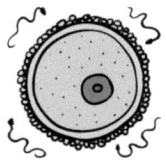

el óvulo

sebelegi sa ngwana

el semen

semen

el embarazo

moimana

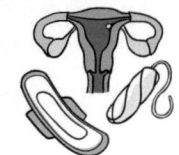

la menstruación

inako tsa go tla ka kgwedi
tsa basadi

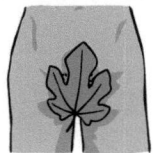

la vagina

serwe sa mosadi

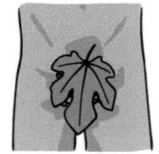

el pene

serwe sa monna

la ceja

dintshi

el pelo

moriri

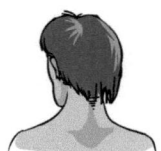

el cuello

thamo

el hospital
sepetlele

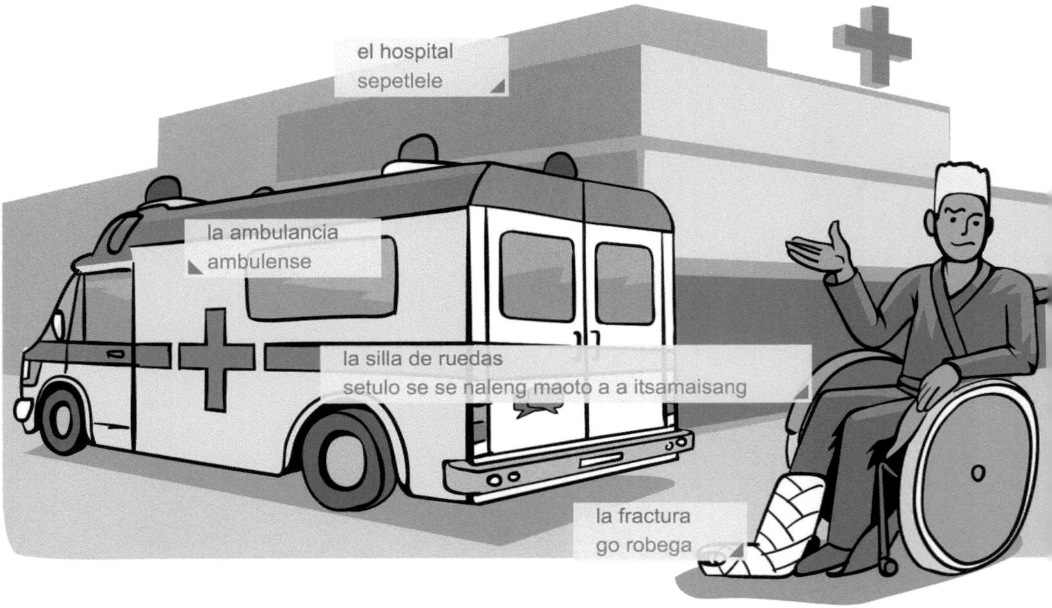

el hospital
sepetlele
la ambulancia
ambulense
la silla de ruedas
setulo se se naleng maoto a a itsamaisang
la fractura
go robega

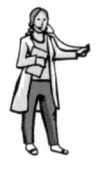

el médico
ngaka

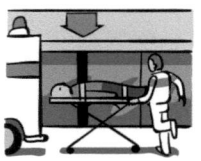

la sala de guardia
phaphosi ya tshoganyetso

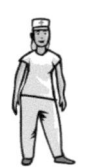

la enfermera
mooki

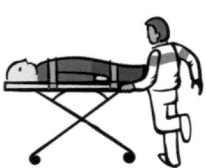

la emergencia
tshoganyetso

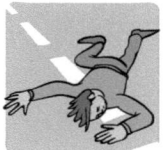

inconsciente
idibala

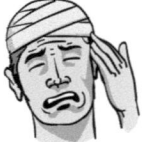

el dolor
setlhabi

la lesión

kgobalo

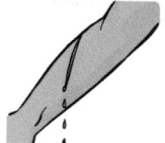

la hemorragia

go dutla madi

el infarto

tlhaselo ya pelo

el ACV

setorouko

la alergia

bolwetsi

la tos

go gotlhola

la fiebre

fulu

la gripe

fulu

la diarrea

letshololo

el dolor de cabeza

opiwa ke tlhogo

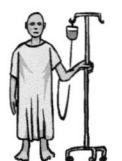

el cáncer

kankere

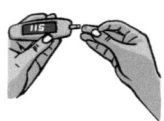

la diabetes

sukiri ya mmele

el cirujano

moari

el bisturí

sekalepele

la operación

karo

la TC

CT

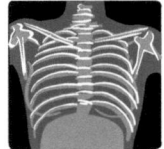

los rayos x

x-ray

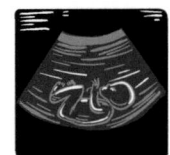

la ecografía

motšhini wa go leba mo mpeng

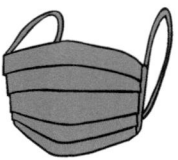

el barbijo

sesira sefatlhego

la enfermedad

twatsi

la sala de espera

phaposi boletelo

la muleta

dithobane

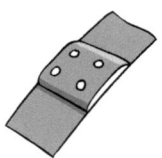

la curita

polasetara

la venda

sefapho

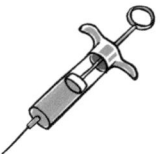

la inyección

lemao

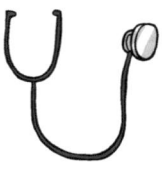

el estetoscopio

setetosekoupu

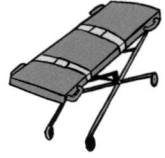

la camilla

seteretšhara

el termómetro

themometara ya bongaka

el nacimiento

pelegi

el sobrepeso

bokima jwa mmele

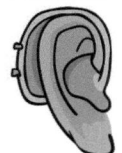

el audífono

edirisiwa sa go thusa go utlwa

el desinfectante

sesireletsa dintho

la infección

tshwaetso

el virus

mogare

el VIH / SIDA

HIV / AIDS

el remedio

melemo

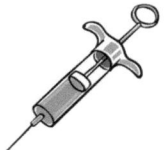

la vacunación

mokento

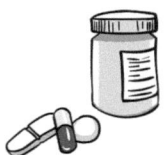

los comprimidos

thabolete

la pastilla anticonceptiva

pilisi

llamada de emergencia

nogala wa tshoganyetso

el tensiómetro

motšhini wa go ela tlhoko kgatelelo ya madi

enfermo / sano

lwala / itekanetse

¡Ayuda!

Thusa!

la alarma

alamo

la agresión

tshotlako

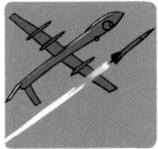

el ataque

tlhasela

el peligro

kotsi

la salida de emergencia

kgoro ya tshoganyetso

¡Fuego!

Molelo!

el matafuego

setima moleleo

el accidente

kotsi

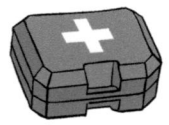

el botiquín de primeros
auxilios

khiti ya go thusa ka
dikgobalo

el SOS

SOS

la policía

lepodisi

Europa

Yuropa

América del Norte

Bokone jwa Amerika

América del Sur

Borwa jwa Amerika

África

Aforika

Asia

Asia

Australia

Australia

el Atlántico

Atlantic

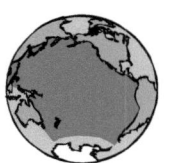

el Pacífico

Pacific

el Océano Índico

Lewatle la India

el Océano Antártico

Lewatle la Antarctic

el Océano Ártico

Lewatle la Arctic

el polo norte

Bokone

el polo sur

Borwa

la Antártida

Antartica

la Tierra

Lefatshe

la tierra

lefatshe

el mar

lewatle

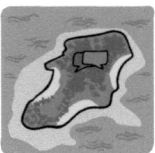

la isla

losi lwa lewatle

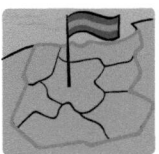

la nación

lotso

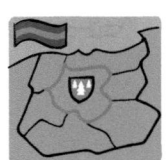

el estado

boemo

la esfera

lentle la tshupanako

la manecilla de las horas

letsogo la ura

el minutero

letsogo la metsotso

el segundero

letsogo la metsotswana

¿Qué hora es?

ke nako mang?

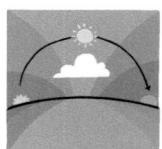

el día

letsatsi

la hora

nako

ahora

go ne jaanong

el reloj digital

tshupanako ya dijithale

el minuto

metsotso

la hora

ura

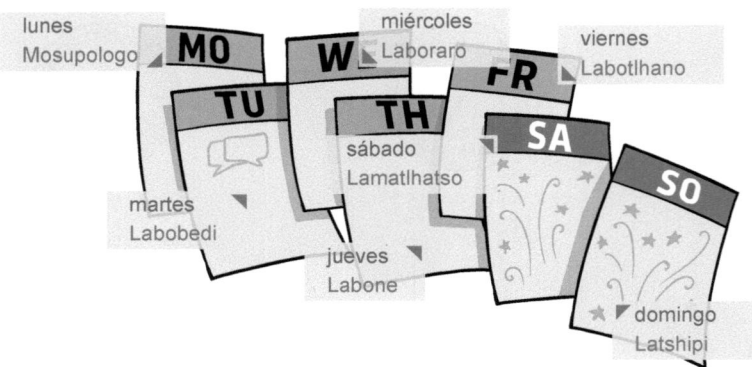

lunes
Mosupologo

martes
Labobedi

miércoles
Laboraro

jueves
Labone

viernes
Labotlhano

sábado
Lamatlhatso

domingo
Latshipi

ayer

maabane

hoy

gompieno

mañana

kamoso

la mañana

moso

el mediodía

thapama

la tarde

maitseboa

los días hábiles

malatsi a tiro

el fin de semana

mafelo a beke

el año
ngwaga

la lluvia
pula
el arco iris
motshe wa badimo
la nieve
letlhwa
el viento
phefo
la primavera
dikgakologo
el otoño
letlhafula
el verano
selemo
el invierno
mariga

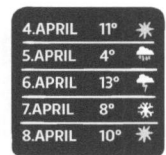

4.APRIL 11°
5.APRIL 4°
6.APRIL 13°
7.APRIL 8°
8.APRIL 10°

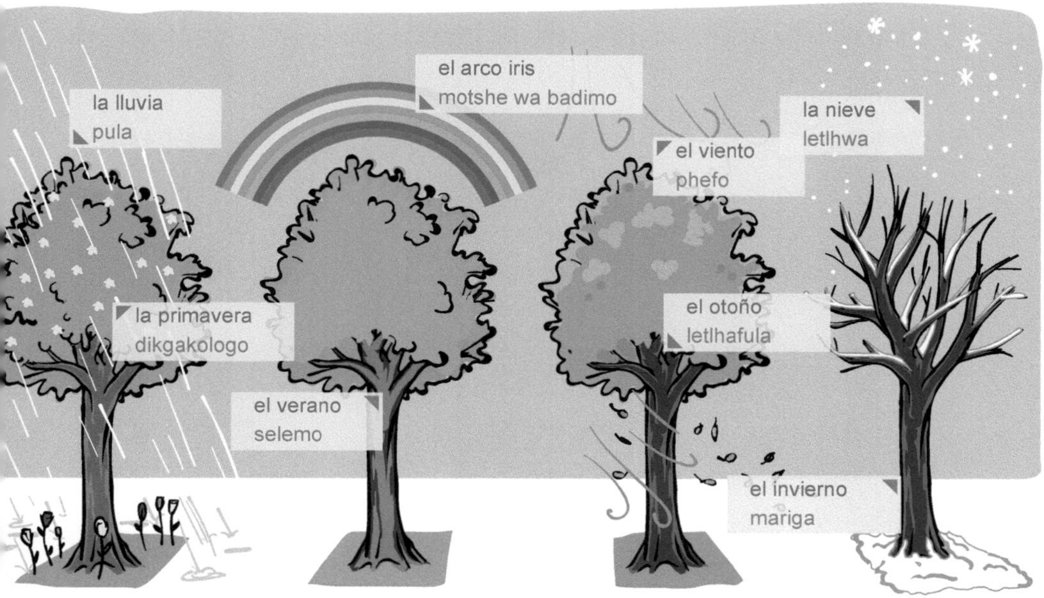

pronóstico meteorológico

botsogo jwa loapi

F C
120 90 60 30 0 -30
40 30 20 10 0 -10 -20

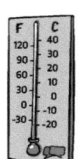

el termómetro

themomithara

la luz del sol

letsatsi

la nube

leru

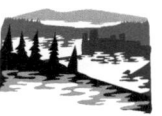

la niebla

mouwane

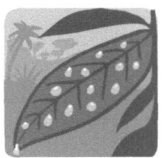

la humedad

humidity

el rayo

legadima

el trueno

modumo wa maru

la tormenta

matsubutsubu

el granizo

sefako

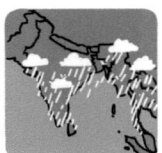

el monzón

monsoon

la inundación

morwalela

el hielo

aese

enero

Ferikgong

febrero

Tlhakole

marzo

Mopitlwe

abril

Moranang

mayo

Motsheganong

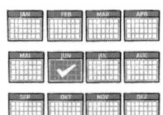

junio

Seetebosigo

julio

Phukwi

agosto

Phatwe

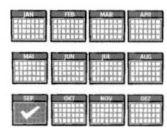

septiembre

Lwetse

octubre

Diphalane

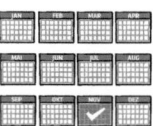

noviembre

Ngwanaatsele

diciembre

Sedimonthole

las formas
dipopego

el círculo

kgolokwe

el cuadrado

khutlonne

el rectángulo

khutlonnetsepa

el triángulo

khutlotharo

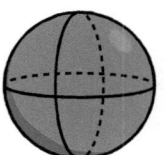

la esfera

khutlo

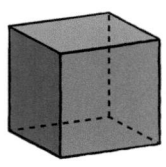

el cubo

khiubu

blanco

tshweu

amarillo

serolwana

naranja

mmala wa namune

rosa

pinki

rojo

khibidu

violeta

bohibidu jo bo mokgona

azul

pududu

verde

tala

marrón

tshetlha

gris

tshetlha

negro

ntsho

mucho / poco

go le gontsi / go nnye

enojado / tranquilo

go kwata / go ritibala

lindo / feo

montle / maswe

el principio / el fin

tshimologo / bofelo

grande / chico

tonna / nnyane

claro / oscuro

lesedi / lefifi

el hermano / la hermana

abuti / ausi

limpio / sucio

phepa / leswe

completo / incompleto

feletse / go sa felela

el día / la noche

motshegare / bosigo

muerto / vivo

o sule / o a tshela

ancho / angosto

bophara / tshesane

comestible / no comestible

ya jega / ga e jege

malo / amable

bosula / molemo

entusiasmado / aburrido

go itumela thata / go se itumele

gordo / flaco

nonne / tshesane

primero / último

ntlha / bofelo

el amigo / el enemigo

tsala / sera

lleno / vacío

tletse / lolea

duro / blando

thata / bonolo

pesado / liviano

bokete / motlhofo

el hambre / la sed

tlala / lenyora

enfermo / sano

lwala / itekanetse

ilegal / legal

dumelesega / dumeletswe

inteligente / estúpido

botlhale / sematla

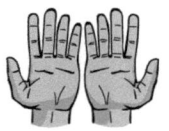

izquierda / derecha

molema / moja

cerca / lejos

gaufi / kgakala

nuevo / usado

sesha / ya kgale

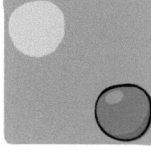

nada / algo

sepe / sengwe

viejo / joven

mogolo / mosha

encendido / apagado

tsenya / tima

abierto / cerrado

bula / tswetswe

silencioso / ruidoso

tidimalo / modumo

rico / pobre

khumo / lehuma

correcto / incorrecto

siame / phoso

áspero / suave

ditlhotlhori / borethe

triste / contento

hutsafetse / itumetse

corto / largo

khutshwane / telele

lento / rápido

bonya / bonako

mojado / seco

metsi / omile

caliente / frío

mololo / tsididi

guerra / paz

ntwa / kagiso

los números

dipalo

0

cero

lefela

1

uno

nngwe

2

dos

pedi

3

tres

tharo

4

cuatro

nne

5

cinco

tlhano

6

seis

thataro

7

siete

supa

8

ocho

robedi

9

nueve

robonngwe

10

diez

lesome

11

once

some nngwe

12

doce

some pedi

13

trece

some tharo

14

catorce

some nne

15

quince

some tlhano

16

dieciséis

some thataro

17

diecisiete

some supa

18

dieciocho

some robedi

19

diecinueve

some robonngwe

20

veinte

masomamabedi

100

cien

lekgolo

1.000

mil

sekete

1.000.000

el millón

milione

los números - dipalo

el inglés

Sejatlhapi

el inglés americano

Sejatlhapi sa Amerika

el chino mandarín

se-China

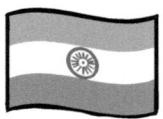

el hindi

se-Hindi

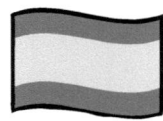

el español

se-Spanish

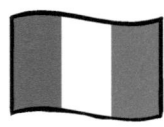

el francés

se-For a

el árabe

se-Araba

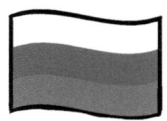

el ruso

se-Russia

el portugués

se-Potokisi

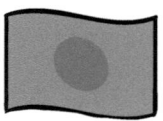

el bengalí

se-Bengali

el alemán

se-Jeremane

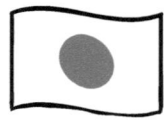

el japonés

se-Japane

yo

Nna

vos

wena

él / ella

ene / ene / sone

nosotros

re

ustedes

wena

ellos

bone

¿quién?

mang?

¿qué?

eng?

¿cómo?

jang?

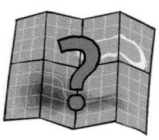

¿dónde?

kae?

¿cuándo?

leng?

el nombre

leina

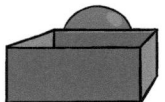

detrás

mo morago

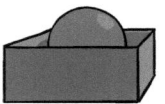

en

mo

adelante de

fa pele ga

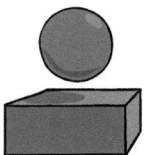

por encima de

godimo

sobre

mo

debajo de

fa tlase

al lado de

mo thoko

entre

magareng

el lugar

lefelo